KB036976

굿타이밍 일본어 여행회화

일본어교재연구원 엮음

도서
출판 **YEGA**

이 책의 특징

1. 다양한 상황에 대처할 수 있도록 출국부터 귀국까지 총 PART 9로 이루어졌으며, 마지막으로 기본회화까지 총 모두 PART 10으로 알차게 구성되어 있어 일본 여행이 즐겁다.
2. 일본어를 읽을 줄 몰라도 현지인 발음에 가깝게 표시한 한글 발음표기로 대화하기 쉬우며 QR 코드로 MP3 파일을 반복해서 듣고 따라 하는 것이 중요하다.

3. 단어만 알아도 말이 어느 정도는 통할 수 있다는 사실! 단어 익히기 코너에서는 자주 쓰이는 단어 위주로 엮어 여행 시 유용하게 쓰일 수 있다.
4. 일본 여행 정보를 통해 미리 알고 가면 즐거움이 2배가 된다.

차 례

차 례

차례

완벽한 여행 준비

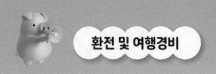

여권

외국을 여행하는 사람의 신분이나 국적을 증명하고 상대국에 그 보호를 의뢰하는 서류로 소지할 의무가 있다. 일반 여권, 관용(官用) 여권, 외교관 여권 등이 있다.

여권발급(전자, 복수여권 기준)

본인이 직접 신청한다. 단 질병, 장애 및 만 18세 미만의 미성년자는 제외되며 구비 서류는 여권발급신청서, 여권용 사진 1매, 신분증, 남자는 병역 관계 서류를 제출한다.

종류	종전 일반여권(녹색)	차세대 일반여권(남색)			
디자인	대한민국 REPUBLIC OF KOREA 01 번 PASSPORT	대한민국 여권 REPUBLIC OF KOREA PASSPORT			
단수 / 복수	복수여권	복수여권			
유효기간	4년 11개월	10년		5년	
사증면수	24면 또는 48면(선택 불가)	58면	26면	58면	26면
수수료	15,000원	53,000원	50,000원	45,000원	42,000원

여권 사진

- 여권발급 신청일 전 6개월 이내에 촬영한(천연색 의상과 모자나 머리 장신구를 하지 않은) 상반신 사진을 제출해야 함
- 본인이 직접 촬영한 사진은 여권 사진 규격에 적합하게 해야 사용 가능함
- 사진 편집 프로그램, 사진 필터 기능 등을 사용하여 임의로 보정한 사진은 허용 불

가함
- 여권 사진의 크기는 가로 3.5cm X 세로 4.5cm, 머리 길이는 정수리(머리카락을 제외한 머리 최상부)부터 턱까지 3.2 ~ 3.6cm 사이인 사진을 제출해야 함
- 사진 편집 프로그램(포토샵 등)을 사용하여 배경을 지우거나 흰색 배경에 인물을 임의로 합성한 사진은 제출 불가함
- 머리가 중앙에 위치해야 하며, 얼굴과 어깨는 정면을 향해야 함(측면 포즈 불가)
- 입은 다물어야 하며(치아 노출 불가), 미소(눈을 가늘게 뜨고 얼굴을 찡그리기) 짓거나 눈썹을 올리지 않는 무표정이어야 함

비자

한국은 단기체재(90일 이내) 목적으로 일본에 입국할 경우 비자가 면제된다. 비자(사증)는 몇 가지 종류로 구분되는데 입국목적과 체재예정 기간이 기재되어 있어 입국 심사 시 입국목적에 맞지 않은 사증을 가지고 있으면 입국이 허가되지 않는다. 필요한 서류는 사증신청서, 주민등록  등본 또는 주민등록증 사본, 사진 1매, 재류자격인정증명서, 여권 등이 필요하다.

※ 재류자격인정증명서는 일본 측의 회사나 학교의 직원 등이 일본의 지방입국관리국에 신청하여 교부 받는 것으로 이 증명서를 발급받으면 사증발급이 쉽고 빠르다. 단, 유효기간이 교부 후 3개월이므로 그 이전에 입국해야 한다.
입국이 허가되었을 때 재류 자격 및 그에 맞는 재류 기간이 부여된다.

공항 환전소보다 일반 거래 은행을 이용한다

공항 환전소는 많은 여행객이 환전할 수 있는 마지막 창구이기 때문에 수수료가 비싸게 운영되므로 공항에 가기 전에 시중은행에서 필요한 금액을 미리 환전해 놓는다. 최소한의 경비만 환전할 계획이라면 가까운 은행에서 환전해도 무방하다. 더욱 좋은 환율을 적용받고 싶다면 시내 금융가의 본지점에서 환전하는 것이 유리하다.

환율은 주가처럼 끊임없이 변하므로 은행마다 조금씩 차이가 있고 은행 중에서 가장 환율이 싼 은행을 선택하여 환전하는 것이 좋으며 은행에서 발행하는 환율 우대쿠폰도 확인해 본다.

인터넷 환전

인터넷 환전은 최대 90%의 환율 우대를 이용할 수 있으며 다양한 이벤트도 많이 한다. 은행 앱에서 외화를 구매한 뒤, 원하는 지점에서 돈을 받으면 된다. 또 공동 구매처럼 여러 명이 모여 좀 더 높은 환율 우대를 받는 방법도 있다.

화폐 단위는 여러 가지로 준비한다

일본의 경우 고액권 사용이 쉬운 편으로 만 엔을 편의점에서도 간단히 바꿀 수 있다. 다만 분실에 대비하여 환전할 때 너무 큰 단위로 환전하지 않는다. 또 외화 동전은 기준 환율의 50~70% 수준에서 살 수 있지만, 환전이 가능한 곳

이 따로 있으니 미리 알아보고 환전한다. 다만 무게가 있고 휴대가 불편하므로 사용할 만큼만 교환하고 한국에 돌아와 동전을 다시 환전할 때는 50% 가격밖에 쳐주지 않으므로 돌아오기 전에 모두 사용하고 돌아오거나 동행인이 있다면 동전을 모아 지폐로 교환하는 방법도 있고 공항 내 유니세프 모금함에 기부하는 방법도 있다.

국제현금카드를 준비한다

국제현금카드의 장점은 해외에서도 국내 예금을 현지 화폐로 찾아 쓸 수 있다는 것과 환전의 번거로움이 없다는 것이다. 시중은행에서 신청하면 되고 분실 시 해외에서 재발급이 불가능하므로 미리 2장을 만드는 것도 좋은 방법이다. 출국 전 비밀번호 4자리를 미리 확인하고 계좌 잔액도 확인한다. 일본 세븐일레븐이나 우체국의 ATM을 사용하면 된다.

해외에서 사용 가능한 신용카드를 준비한다

- 현지통화 기준으로 결제한다 - 원화결제 시 현지통화 결제보다 환전 수수료가 1회 더 부과되므로 현지통화 기준으로 결제하는 것이 바람직하다.
- 출입국 정보 활용 서비스와 SMS 서비스는 기본으로 활용한다 - SMS를 신청하여 해외에서도 신용카드 결제 내용을 휴대전화로 바로 확인하고 출입국 정보 활용 서비스를 통해 신용카드의 부정 사용을 사전에 막아준다.
- 신용카드사 신고 센터 전화번호를 반드시 메모한다 - 신용카드 분실, 도난당한 후에 즉시 카드사에 신고하고 귀국 즉시 서면으로 분실신고를 한다.

- 카드가 분실, 도난, 훼손당하였으면 긴급 대체카드 서비스를 이용한다 – 신용카드를 사용할 계획으로 현금을 조금만 환전했는데 신용카드를 분실했다면 당황하지 말고 긴급 대체카드 서비스를 이용하면 2일 내 새 카드를 발급받을 수 있다. 단, 임시 카드이므로 귀국 후 반납하고 정상 카드를 다시 발급받는다.
- 카드 유효기간과 결제일을 확인한다 – 아무 생각 없이 카드를 챙겨갔다가 카드 유효기간이 만료되어 사용하지 못하는 상황이 일어나지 않도록 미리 확인한다.
- 국제 브랜드 로고를 확인한다 – 해외에서 사용 가능한 카드인지 미리 확인해 둔다.

- 여권과 카드상의 영문 이름이 일치하는지 확인한다 – 여권상의 영문 이름과 신용카드 상의 영문 이름이 다를 경우 카드 결제를 거부하는 예도 있으니, 여권과 카드상의 영문 이름이 일치하지 않으면 재발급받는다.

※ 일본의 경우 백화점이나 쇼핑몰 외에 카드 사용이 안 되는 경우가 많다. 대도시의 쇼핑을 목적으로 하지 않는다면 어느 정도 현금을 가져가야 한다. 또한, 신용카드 사용에 제한이 있을 수가 있는데 예를 들어 VISA는 되고 MASTER는 안된다는 식이다.

로밍과 국제 면허증

핸드폰 로밍과 유심칩, 와이파이도시락 이용하기

- 로밍은 지금 이용하는 전화번호 그대로 사용하면서 데이터, 통화를 이용할 수 있는 통신요금제로 이벤트 적용 시 저렴한 가격으로 이용할 수 있다.
- 유심은 기내에서 유심칩을 바꾸어 끼고 전원을 켜면 자동으로 셋업 되고 여행하는 나라의 번호가 새로 생성되어 이용하는 시스템이다. 현지에 가서 구매해도 되지만 그렇게 하면 공항에서 렌터카, 숙소이동 등이 불편해질 수 있으므로 한국에서 구입해 가는 것을 추천한다.
- 와이파이도시락은 국가별 이동통신사의 데이터 신호를 Wi-Fi 신호로 바꿔주는 데이터 로밍 단말기이다. '와이파이'는 데이터를, '도시락'은 휴대성을 의미하며, 해외여행 시 데이터를 도시락처럼 간편하게 휴대하여 언제 어디서든 쉽고 빠른 대용량 데이터를 사용할 수 있다.

국제운전면허증

도로교통에 관한 국제협약에 따라 일시적으로 해외에서 운전할 수 있도록 발급되는 운전면허증으로 가까운 경찰서에서 신청하면 된다. 유효기간은 받은 날로부터 1년이며 면허의 효력이 없어지거나 취소된 때에는 그 효력도 없어지고, 국내운전면허의 효력이 정지된 때는 그 정지기간 중 효력이 정지된다.

수하물로 보낼 것들

- 가방에 옷을 넣을 때 돌돌 말아 압축 팩에 담으면 구김이 덜 가고 부피도 줄일 수 있다.

- 입은 옷과 벗은 옷을 분리해서 담기 위해 여분의 압축팩을 준비하고 깨지기 쉬운 것은 옷 속에 넣어두면 완충 효과가 있다.

- 신발과 속옷은 낡아서 버릴 계획이 있는 것으로 가져가 여행이 끝날 때 버리고 돌아오자. 짐도 가벼워지므로 그 자리를 쇼핑 물품으로 채울 수 있어서 좋다. 여성의 경우 속옷은 브래지어 안에 팬티나 양말 등을 넣어 공 모양으로 만들어 가면 캡이 눌리지 않는다.

- 상비약으로는 소화제, 감기약, 지사제, 일회용 반창고, 상처 치료 연고, 진통제 등을 준비한다.

- 혹시 모를 쇼핑을 위해 장바구니를 챙겨가는 것도 환경을 위해 좋다.

- 일본은 110V를 사용하기 때문에 멀티탭을 꼭 준비해 간다. 준비한 전자기기 수만큼의 멀티탭을 가져가면 유용하며 충전기나 보조 배터리를 여러 개 가져가는 것이 좋다.

- 일본은 생각보다 비가 자주 오는 편이므로 접는 우산 또는 양산 하나 정도는 챙겨가는 것이 좋다.

- 라면은 내용물만 따로 모아 지퍼백에 담고 용기는 차곡차곡 포개 한꺼번에 포장하면 더 많은 공간을 확보할 수 있다. 일본 용기라면은 우리나

라보다 더 다양한데 얼큰한 맛의 김치맛 라면과 컵 누들 씨푸드가 평이 좋은 편이
다. 고추장 튜브나 볶음 김치 팩을 가져가도 좋지만, 현지에서도 쉽게 구매할 수 있
으니 짐을 생각한다면 생략해도 좋다.

- 모자는 자외선 차단 기능 외에도 보슬비 정도는 커버되므로 우산보다 편하다. 요
즘 호텔에는 슬리퍼가 없는 곳이 많으므로 숙소에서도 편하게 신을 수 있는 휴대
용 슬리퍼나 샌들을 여름이 아니어도 챙겨가면 좋다.

기내 가방에 넣을 것들

- 여권과 분실을 대비한 여권사본, 사진 1매를 준비한다.
- 호텔 바우처를 프린트해서 가면 프런트에서 좀 더 빠르게 체크인할 수 있다.
- 항공권을 온라인으로 구매했다면 미리 e 항공권을 출력해간다.
- 보조 배터리는 수하물 짐에 넣지 말고 기내 가방에 넣어야 하며 카메라, 노트북,
태블릿 PC 등을 수하물 짐에 넣으면 파손될 수 있으니 기내에 가지고 탑승한다.
- 여행경비를 환전할 현금과 신용카드, 동전 지갑을 준비한다.
- 여행지도와 여행 책자로 동선을 미리 계획하고 준비하면 편리하다.
- 볼펜은 출입국 신고서 작성에도 필요하며 수첩에 주요 전화번호 등을 미리 메모
해 가면 좋다.

면세점에서 쇼핑하기

1인당 미화 $800까지 허용되는데 이를 초과하는 경우 세관 신고 후 세금을 납부해야 한다. 술, 담배, 향수는 별도 면세범위 이내에서 추가 구매가 가능하다.

· 술 : 두 병까지 가능하며 합산 2ℓ이하로서 총 US $400 이하여야 함
· 담배 : 궐련형은 200개비(10갑)
· 향수 : 60㎖

술과 담배는 만 19세 미만인 청소년은 구매할 수 없다.

국내 공항 면세점은 외국 공항 면세점보다 규모도 크고 품목도 다양할 뿐 아니라 국내 브랜드도 입점해 있다. 면세점은 출국 시에만 이용할 수 있고 도착 후에는 이용할 수 없으니 주의한다.

시내 면세점

시내 호텔과 백화점에 있는 면세점에서도 구매할 수 있는데 출국일 30일 전부터 구매 가능하다. 본인의 여권을 가지고 출국 일자와 비행기 편명을 숙지하고 방문하면 되고 구매한 물품은 출국일에 지정된 인도장에서 받을 수 있다. 시내 면세점은 시간을 가지고 여유롭게  쇼핑할 수 있는 장점이 있으며 공항 면세점보다 물품이 다양하다.

인터넷 면세점

공항 면세점보다 저렴하면서 각종 할인과 적립금이 있는 것이 장점이다. 또한, 출국일 60일 전부터 구매할 수 있으므로 천천히 시간의 구애를 받지 않고 쇼핑할 수 있

다. 물건을 직접 보지 못한다는 것과 물건이 다양하지 않다는 단점이 있다.

기내 면세점

기내 면세 판매 시간에 구매할 수 있고 귀국 시 기내에서도 구매할 수 있다. 시내 면세점이나 공항 면세점보다 저렴하지만, 물량이나 종류가 한정되어 있어 찾는 물건이 없거나 품절되는 경우가 많다. 출국 시 귀국날짜, 귀국 편명, 영문 이름, 물품명을 적어 승무원에게 주면 귀국하는 기내에서 물건을 받을 수 있다.

히라가나 익히기

무조건 외우기

	あ단	い단	う단	え단	お단
あ행	あ 아 [a]	い 이 [i]	う 우 [u]	え 에 [e]	お 오 [o]
か행	か 카 [ka]	き 키 [ki]	く 쿠 [ku]	け 케 [ke]	こ 코 [ko]
さ행	さ 사 [sa]	し 시 [si]	す 스 [su]	せ 세 [se]	そ 소 [so]
た행	た 타 [ta]	ち 치 [chi]	つ 츠 [tsu]	て 테 [te]	と 토 [to]
な행	な 나 [na]	に 니 [ni]	ぬ 누 [nu]	ね 네 [ne]	の 노 [no]
は행	は 하 [ha]	ひ 히 [hi]	ふ 후 [hu]	へ 헤 [he]	ほ 호 [ho]
ま행	ま 마 [ma]	み 미 [mi]	む 무 [mu]	め 메 [me]	も 모 [mo]
や행	や 야 [ya]		ゆ 유 [yu]		よ 요 [yo]
ら행	ら 라 [ra]	り 리 [ri]	る 루 [ru]	れ 레 [re]	ろ 로 [ro]
わ행	わ 와 [wa]				を 오 [o]
	ん 응 [n, m, ng]				

가타카나 익히기

무조건 외우기

	ア단	イ단	ウ단	エ단	オ단
ア행	ア 아[a]	イ 이[i]	ウ 우[u]	エ 에[e]	オ 오[o]
カ행	カ 카[ka]	キ 키[ki]	ク 쿠[ku]	ケ 케[ke]	コ 코[ko]
サ행	サ 사[sa]	シ 시[si]	ス 스[su]	セ 세[se]	ソ 소[so]
タ행	タ 타[ta]	チ 치[chi]	ツ 츠[tsu]	テ 테[te]	ト 토[to]
ナ행	ナ 나[na]	ニ 니[ni]	ヌ 누[nu]	ネ 네[ne]	ノ 노[no]
ハ행	ハ 하[ha]	ヒ 히[hi]	フ 후[hu]	ヘ 헤[he]	ホ 호[ho]
マ행	マ 마[ma]	ミ 미[mi]	ム 무[mu]	メ 메[me]	モ 모[mo]
ヤ행	ヤ 야[ya]		ユ 유[yu]		ヨ 요[yo]
ラ행	ラ 라[ra]	リ 리[ri]	ル 루[ru]	レ 레[re]	ロ 로[ro]
ワ행	ワ 와[wa]				ヲ 오[o]
	ン 응[n, m, ng]				

기내에서 쓰이는 회화

현지에서 많이 일어나는 상황을 미리 익히기

A 飲み物はいかがですか。

노미모노와 이카가데스까?

B どんな飲み物がありますか。

돈나 노미모노가 아리마스까?

A ジュース、コーヒー、ビールなどがあります。

쥬-스, 코-히-, 비-루 나도가 아리마스

B では、コーヒーをください。

데와, 코-히-오 쿠다사이

それから、なにか読むものをください。

소레카라, 나니카 요무모노오 쿠다사이

A はい、承知いたしました。

하이, 쇼-치이타시마시타

대화 내용 알아보기

A 마실 것을 드릴까요?

B 어떤 음료가 있습니까?

A 주스, 커피, 맥주 등이 있습니다.

B 그럼, 커피를 주세요.

그리고 뭐라도 읽을 만한 것이 있었으면 합니다.

A 네, 알겠습니다.

다양한 표현으로 실력 확장하기

좀 더 여러가지 표현으로 회화의 실력을 UP

제 자리는 어디죠?

わたしの席はどこでしょうか。

와타시노 세키와 도코데쇼-까?

제 자리까지 안내해 주시겠습니까?

わたしの席まで案内してくださいませんか。

와타시노 세키마데 안나이시테 쿠다사이 마셍까?

좌석번호를 보여주십시오.

座席番号を見せてください。

자세키방고-오 미세테 쿠다사이

당신은 일본어를 할 줄 압니까?

あなたは日本語ができますか。

아나타와 니혼고가 데키마스까?

일본어는 조금 할 줄 압니다.

日本語は少こし話せます。

니혼고와 스코시 하나세마스

죄송하지만, 다시 한번 말씀해 주십시오.

すみませんが、もう一度いってください。

스미마셍가, 모- 이치도 잇테쿠다사이

뭐라도 마실 것을 주실 수 없나요?

なにか飲み物もらえませんか。

나니카 노미모노 모라에마셍까?

실례합니다. 맥주를 부탁합니다.

すみません。ビールをお願いします。

스미마셍. 비-루오 오네가이시마스

물이 마시고 싶습니다.

お水がのみたいんですが。

오미즈가 노미타인데스가

한국어 신문은 있습니까?

韓国語の新聞はありますか。

캉코쿠고노 심붕와 아리마스까?

실례합니다. 화장실은 어디입니까?

すみません。トイレはどこですか。

스미마셍. 토이레와 도코데스까?

자리를 바꿔도 됩니까?

席をかわってもいいですか。

세키오 카왓테모 이-데스까?

꿀 팁 여행 가이드

현지 여행 정보를 미리 알아보고 가면 편리하다

일본의 정식 국명은 우리나라 말로는 일본, 日本, JAPAN, 일본어로는 니혼 또는 닛폰이라고 읽으며 수도는 도쿄이다. 시차 없이 한국과 동일한 시간대를 사용한다.

전기는 일본은 전국 어디에서나 100V AC 전압을 사용한다. 주파수는 두 종류를 사용하는데, 동부 지방에서는 50Hz, 서부 지방(나고야와 교토, 오사카 등)에서는 60Hz이다. 배전압 헤어드라이어나 여행용 다리미, 면도기 같은 몇 몇 종류의 가전제품은 일본 어디에서든 문제없이 작동되지만, 감압용 변압기를 사용해 전압을 바꿔주어야 할 수도 있다.

언어와 문자는 고유의 일본어를 가지고 있으며, 문자는 한자. 히라가나, 가타카나를 사용한다. 또한 홋카이도, 혼슈, 규슈, 시코쿠 등 4개의 섬과 주위의 3,000~4,000개의 작은 섬으로 이루어져 있다.

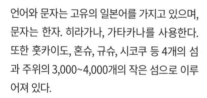

온대기후에 속하는 일본은 우리나라의 기후와 비슷한 뚜렷한 사계절이 있으나 여름은 우리나라보다 고온다습하고 겨울은 한랭건조하다. 단, 여름에는 태풍의 길목으로 자주 태풍이 발생하므로 일기예보를 확인하고 여행계획을 세우도록 하자.

일본 화폐 엔화(JPY)는 1,000엔, 2,000엔, 5,000엔과 10,000엔 지폐 및 1엔, 5엔, 10엔, 50엔과 500엔 동전으로 구성되어 있다. 일본에 머무는 동안 일본 동전을 따로 넣는 지갑을 들고 다니는 것이 좋다.

일본에서는 쇼핑과 식사, 마사지 등의 서비스 이용 시 계산서에 소비세 10%가 가산된다. 소비세는 1989년 4월 소비세(3%)를 처음 도입했으며 1994년 4%, 1997년 5%, 2014년 8%, 2019년 10월 1일 10%로 순차적으로 인상했다. 수출 물품에 대해서는 원칙적으로 소비세가 면제된다.

일본은 팁문화가 발달되지 않아 호텔이나 식당에서 따로 팁을 지불하지 않아도 된다.

일본 정부 관광국 홈페이지에 들어가면 보다 다양한 정보를 접할 수 있으므로 여행 전에 한번 방문해 보고 내게 필요한 부분을 체크해 보도록 하자.

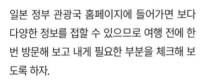

자주 쓰이는 단어 익히기

말하기에서 단어만 알아도 50%는 먹고 들어간다는 사실

しゅっこく
出国
슛코쿠
출국

りょこう
旅行
료코-
여행

の　みず
飲み水
노미미즈
음료수

ビール
비-루
맥주

きない
機内
키나이
기내

じょうむいん
乗務員
조-무인
승무원

せき
席
세키
자리

ざせんばんごう
座線番号
자센반고-
좌석번호

입국 시에 쓰이는 회화

현지에서 많이 일어나는 상황을 미리 익히기

A 訪問の目的はなんですか。
호-몬노 모쿠테키와 난데스까?

B 観光です。
캉코- 데스

A どのくらいの滞在予定ですか。
도노 쿠라이노 타이자이 요테이데스까?

B 一週間ぐらいです。
잇슈-캉 구라이데스

A どちらに宿泊されますか。
도치라니 슈쿠하쿠 사레마스까?

B 東京のメトロポリタンホテルです。
토-쿄-노 메토로포리탄 호테루데스

대화 내용 알아보기

A 방문 목적은 무엇입니까?
B 관광입니다.
A 어느 정도 머무를 예정입니까?
B 일주일 정도입니다.
A 어디서 숙박하십니까?
B 동경 메트로폴리탄 호텔입니다.

27

입국심사는 어느쪽입니까?

入国審査はどちらですか。

뉴-코쿠신사와 도치라데스까?

여권을 보여주십시오.

パスポートを見せてください。

파스포-토오 미세테 쿠다사이

동경호텔에 머물 생각입니다.

東京ホテルに泊まる予定です。

토-쿄- 호테루니 토마루 요테이데스

수하물 취급처는 어디입니까?

荷物受け取り所はどこですか。

니모츠 우케토리쇼와 도코데스까?

어디서 짐을 받으면 됩니까?

どこで荷物を受け取りますか。

도코데 니모츠오 우케토리마스까?

짐이 보이지 않습니다.

荷物がないんですが。

니모츠가 나인데스가

수하물 보관증은 이것입니다.

荷物預かり証はこれです。

니모츠 아즈카리쇼-와 코레데스

내 여행용 가방이 망가졌습니다.

わたしのスーツケースが壊れています。

와타시노 스-츠케-스가 코와레테이마스

세관은 어디입니까?

税関はどこですか。

제-캉와 도코데스까?

이것은 모두 당신 가방입니까?

これは全部あなたのカバンですか。

코레와 젠부 아나타노 카방데스까?

가방을 열어주십시오.

カバンを開けてください。

카방오 아케테 쿠다사이

무슨 신고하실 것은 없습니까?

なにか申告なさるものはございませんか。

나니카 신코쿠나사루 모노와 고자이마셍까?

꿀 팁 여행 가이드

현지 여행정보를 미리 알아보고 가면 편리하다

입국 수속

일본이나 우리나라나 출입국 절차는 거의 같다고 보면 된다. 일본의 공항에 도착하면 비행기에서 내려 공항 청사로 들어선다. 청사에 들어서면 입국심사를 받게 된다. 입국 심사 후 수화물을 챙기고 세관을 거쳐 나오면 입국 절차는 끝난다.

입국심사

여러 개의 입국 심사대 중에서 반드시 외국인이라고 표시된 입국 심사대로 가서 심사 관에게 비행기 안에서 미리 기재해둔 입국 신고서와 여권을 제출하면 일본에 온 목적, 체류 기간, 여행비용, 돌아갈 비행기표, 숙소 등을 질문하고 확인하는 절차를 거치게 된 다. 이때 영어나 일어로 대답을 해야 되는데 여행 목적은 대개 여행이나 비즈니스라고 답하면 되고 체류기간은 15일 이내에서 적절히 말하면 입국 허가 스탬프를 찍어준다.

기내에서 지켜야 할 에티켓

기내에서 간편한 옷차림을 하거나 슬리퍼를 신는 것은 괜찮지만 양말을 벗는 행위는 곤란하다. 승무원을 부를 때는 승무원 호출 버튼을 누르거나 통로를 지날 때 가볍게 손 짓하거나 눈이 마주칠 때 살짝 부른다. 기내 안전을 위해 노력하는 승무원에게 늘 예의 를 갖추도록 하자. 좌석의 등받이를 뒤로 제칠 때는 지나치게 제치면 안 된다. 좌석 등 받이를 젖히지 않은 상태로 고정해야 하는 경우는 이륙 시, 식사 시, 착륙 시 이렇게 3번 으로 이때는 제쳐 놓은 등받이를 반드시 원위치로 해 놓는다.

Visit Japan Web 등록하기

일본 입국 시 빠른 입국 심사를 위해 비짓재팬을 등록하는 것을 추천하다. 핸드폰에서 앱으로 가입할 수 있으며 필수는 아니더라도 이걸 등록할 경우 일일이 수기로 작성하 는 입국 카드를 작성하지 않아도 QR 코드를 받을수 있으며 QR 코드 스캔만으로 빠른 입국 절차를 마칠 수 있어 매우 편리하다. 서류를 준비해 절차에 따라 등록하면 어렵지 않게 등록할 수 있다.

Visit Japan Web
입국 수속 온라인 서비스

일본 도착 예정시간 6시간 전까지 등록을 마치시기 바랍니다.

지금 바로 등록하기

대리 입력은 여기로

Visit Japan Web이란?

입국 수속시 '검역', '입국 심사', '세관 신고', '면세 구입'등을 행으로 할 수 있는 서비스입니다.

해외에서 입국하시는 분 외에 일본에 귀국하시는 분도 이용하실 수 있습니다.

* '검역'은 모든 공항에서 이용하실 수 있습니다. 또한, 배를 이용한 입국시에도 이용이 가능합니다.

스마트폰에서 사용 가능

https://www.vjw.digital.go.jp

이용순서 안내   조작방법   문의   로그인 / 등록하기   한국어

| 항공권 | 여권 | 백신 접종증명서(3회) or 검사 음성증명서 (출국 전 72시간 이내) | 이메일 주소 |

지금 바로 등록하기

스마트폰 또는개인용 컴퓨터에서 등록합니다

자주 쓰이는 단어 익히기

말하기에서 단어만 알아도 50%는 먹고 들어간다는 사실

にゅうこくしんさ
入国審査
뉴-코쿠신사

입국심사

ぜいかん
税関
제이칸

세관

りょこうもくてき
旅行目的
료코-모쿠테키

여행 목적

さないしょく
機内食
키나이쇼쿠

기내식

てにもつ
手荷物
테니모츠

수하물

パスポート
파스포-토

여권

こくさいせん
国際線
코쿠사이센

국제선

トイレ
토이레

화장실

안내소에서 쓰이는 회화

현지에서 많이 일어나는 상황을 미리 익히기

A 運びましょうか。
はこ

하코비마쇼-까?

B はい、お願いします。
ねが

하이, 오네가이시마스

A いくつですか。

이쿠츠데스까?

B ふたつです。この荷物は注意してください。
にもつ ちゅうい

후타츠데스. 코노 니모츠와 츄-이시테 쿠다사이

東京のがイドブックをひとつください。
とうきょう

토-쿄-노 가이도북쿠오 히토츠 쿠다사이

A はい、どうぞ。

하이, 도-조

대화 내용 알아보기

A 들어드릴까요?
B 네, 부탁해요.
A 몇 개입니까?
B 두 개입니다. 이 짐은 주의해 주세요.
　　도쿄 가이드북 하나 주세요.
A 자, 여기 있습니다.

다양한 표현으로 실력 확장하기

좀 더 여러가지 표현으로 회화의 실력을 UP

짐을 운반해 주지 않겠습니까?

荷物を運んでくれませんか。

니모츠오 하콘데 쿠레마셍까?

이것을 택시승강장까지 부탁합니다.

これをタクシー乗り場までお願いします。

코레오 타쿠시-노리바마데 오네가이시마스

조심스럽게 다루어주십시오.

丁寧に扱ってください。

테이네이니 아츠캇테 쿠다사이

파손되기 쉬운 것이 들어있으니까요.

壊れ物が入っていますから。

코와레 모노가 하잇테 이마스카라

감사합니다. 얼마입니까?

ありがとう。いくらですか。

아리가토-. 이쿠라데스까?

실례지만, 공중전화는 어디에 있습니까?

すみませんが、公衆電話はどこですか。

스미마셍가, 코-슈-뎅와와 도코데스까?

34

네, 이 길을 조금 가면 왼쪽에 있습니다.

はい、この通路を少し行くと左側にあります。

하이, 코노 츠-로오 스코시 이쿠토 히다리가와니 아리마스

관광안내소는 어디입니까?

観光案内所はどこですか。

캉코-안나이쇼와 도코데스까?

어디 좋은 호텔 좀 추천해 주세요.

どこかよいホテルを紹介してください。

도코카 요이 호테루오 쇼-카이시테 쿠다사이

오늘밤 예약을 하지 않았습니다.

今晩の予約をしていませんが。

콤반노 요야쿠오 시테이마센가

동경에 어떻게 가면 빠릅니까?

東京にどう行けば速いですか。

토-쿄-니 도-이케바 하야이데스까?

번화가에 묵고 싶습니다.

繁華街に泊まりたいんですが。

항카가이니 토마리타인데스가

PART 2
호텔

호텔을 예약할 때

현지에서 많이 일어나는 상황을 미리 익히기

A もしもし、赤坂ホテルですか。

모시모시, 아카사카 호테루데스까?

B はい、赤坂ホテルでございます。

하이, 아카사카 호테루데 고자이마스

A 今晩、予約したいんですが。

콤방, 요야쿠 시타인데스까?

B どんな部屋をご希望ですか。

돈나 헤야오 고키보-데스까

A シングルがいいんですが。

싱구루가 이-인데스가

B では、お名前をどうぞ。

데와, 오나마에오 도-조

대화 내용 알아보기

A 여보세요, 아카사카 호텔입니까?
B 네, 아카사카 호텔입니다.
A 오늘밤 예약 하고 싶습니다.
B 어떤 방을 희망하십니까?
A 싱글 룸이 좋겠습니다.
B 그럼, 성함을 말씀해 주십시오.

프린스 호텔입니까?

プリンスホテルですか。

프린스 호테루 데스까?

예약을 하고 싶습니다.

予約をお願いしたいんですが。

요야쿠오 오네가이 시타인데스가

예약을 취소해 주세요.

予約を取り消してください。

요야쿠오 토리케시테 쿠다사이

몇 박 예정입니까?

何泊のご予定ですか。

난파쿠노 고요테이데스까?

빈 방은 있습니까?

空いている部屋はありますか。

아이테이루 헤야와 아리마스까?

트윈룸을 부탁합니다.

ツインをお願いします。

츠잉오 오네가이시마스

38

트윈룸 방값은 얼마입니까?

ツインのお値段はいくらですか。

츠잉노 오네당와 이쿠라데스까?

1박에 얼마입니까?

一泊いくらですか。

입파쿠 이쿠라데스까?

세금 포함해서 일만 엔입니다.

税込で一万円でございます。

제이코미데 이치망엔데 고자이마스

아침식사 나옵니까?

朝食つきですか。

쵸-쇼쿠 츠키데스까?

저에게는 너무 비싸군요.

わたしには高すぎますね。

와타시니와 타카스기마스네

좀 더 싼 방은 없습니까?

もっと安い部屋はありませんか。

못토 야스이 헤야와 아리마셍까?

자주 쓰이는 단어 익히기

말하기에서 단어만 알아도 50%는 먹고 들어간다는 사실

ホテル
호테루

호텔

よやく
予約
요야쿠

예약

りょうきん
料金
료-킨

요금

ちょうしょく
朝食
쵸-쇼쿠

아침 식사

ツインルーム
츠인루-무

트윈 룸

ダブルルーム
다부루 루-무

더블 룸

やす
安い
야스이

싸다

たか
高い
타카이

비싸다

예약한 호텔 찾아가기

현지에서 많이 일어나는 상황을 미리 익히기

A いらっしゃいませ。どこまでですか。

이랏샤이마세. 도코마데데스까?

B 帝国ホテルまでお願いします。

테이코쿠 호테루마데 오네가이시마스

A 東京ははじめてですか。

토-쿄-와 하지메테데스까?

B はい、帝国ホテルまでどのくらいかかりますか。

하이, 테이코쿠 호테루마데 도노쿠라이 카카리마스까?

A 二時間ぐらいかかります。

니지캉 구라이 카카리마스

대화 내용 알아보기

A 어서 오십시오. 어디까지 가십니까?
B 테이코쿠 호텔까지 부탁드립니다.
A 도쿄는 처음입니까?
B 네, 테이코쿠 호텔까지 어느 정도 걸립니까?
A 2시간 정도 걸립니다.

다양한 표현으로 실력 확장하기

좀 더 여러가지 표현으로 회화의 실력을 UP

동경호텔에는 어떻게 가는 것이 좋습니까?

東京ホテルにはどう行けばいいですか。

토-쿄- 호테루니와 도- 이케바이-데스까?

동경호텔은 멉니까?

東京ホテルは遠いですか。

토-쿄- 호테루와 토-이데스까?

택시로 가면 얼마가 들까요?

タクシーでいくらかかりますか。

타쿠시-데 이쿠라 카카리마스까?

저 버스는 동경호텔에 갑니까?

あのバスは東京ホテルへ行きますか。

아노 바스와 토-쿄- 호테루에 이키마스까?

동경호텔까지 얼마입니까?

東京ホテルまでいくらですか。

토-쿄- 호테루마데 이쿠라데스까?

매표소는 어디에 있습니까?

切符売場はどこにありますか。

킵푸우리바와 도코니 아리마스까?

짐은 이것이 전부입니까?

荷物はこれで全部ですか。

니모츠와 코레데 젠부데스까?

네, 그것이 전부입니다.

はい、それで全部です。

하이, 소레데 젠부데스

이 리무진버스는 호텔 앞에 멈춥니까?

このリムジンバスはホテルに止まりますか。

코노 리무진바스와 호테루니 토마리마스까?

여행용 가방을 트렁크에 넣으십시오.

スーツケースをトランクに入れてください。

스-츠케-스오 토랑쿠니 이레테 쿠다사이

호텔에 도착하면 알려주십시오.

ホテルに到着したら、教えてください。

호테루니 토-챠쿠시타라, 오시에테 쿠다사이

짐을 내려주십시오.

荷物を降ろしてください。

니모츠오 오로시테 쿠다사이

꿀 팁 여행 가이드

현지 여행정보를 미리 알아보고 가면 편리하다

숙소 선택의 팁

일본은 최고급 호텔에서부터 저렴한 유
스호스텔까지 다양한 종류의 숙박 시설
이 있다. 숙소의 위치에 따라 이동 경로
와 시간 등 여행의 일정에 많은 차이가
발생하므로 신중하게 선택하도록 한다.
좋은 숙소 선택을 위해서는

❶ 여행 목적에 맞는 지역을 선택하자.

❷ 여러 호텔 사이트 검색 후 마음에 드는 예비 후보들을 뽑아보고 평점이나 가격 등
　을 비교해 보자.

❸ 역과의 거리, 조식포함 여부, 체크인·체크아웃 시간 등을 고려해 최종 선택을 마무
　리 짓도록 하자.

호텔 예약하기

숙소는 현지에서 구하기보다는 출발 전 예약을 해야 출입국심사 시 불이익이 없다. 예
약은 여행사나 인터넷을 통해서 하는 것이 가장 저렴하나 무조건 저렴한 곳을 택하기
보다는 주변 관광지와의 위치나 대중교통의 연계성, 픽업 서비스, 아침 식사의 포함,
호텔 내부 시설 등을 고려하여 선택하는 것이 좋다.

❶ 호텔 예약 사이트(아고다, 부킹닷컴, 호텔스컴바인 등)를 이용한다.

❷ 호텔 자체 인터넷 홈페이지를 이용한다.

❸ 현지의 관광안내센터를 이용한다.

❹ 호텔로 직접 전화나 FAX를 이용한다.

❺ 일본계 호텔 예약사이트를 이용한다

호텔에서 체크인할 때

현지에서 많이 일어나는 상황을 미리 익히기

A いらっしゃいませ。お名前は。

이랏샤이마세. 오나마에와

B 空港で予約した金英主です。

쿠-코-데 요야쿠시타 킴영주데스

A あ、先の金英主さまでございますね。

아, 삭키노 킴영주사마데 고자이마스네

B はい、そうです。

하이, 소-데스

A 何日ぐらいのお泊りですか。

난니치구라이노 오토마리데스까?

B 二泊の予定です。

니하쿠노 요테이데스

대화 내용 알아보기

  A 어서 오십시오, 성함은?
  B 공항에서 예약한 김영주입니다.
  A 아, 아까 예약하신 김영주씨 이시군요.
  B 네, 그렇습니다.
  A 며칠쯤 머무르시겠습니까?
  B 2박할 예정입니다.

체크인하고 싶습니다.

チェックインしたいんですが。

첵쿠인 시타인데스가

한국에서 온 김영주입니다.

韓国からの金英主です。

캉코쿠카라노 킴영주데스

예약은 하셨습니까?

予約はしてありますか。

요야쿠와 시테 아리마스까?

네, 서울에서 예약했습니다.

はい、ソウルで予約しました。

하이, 소우루데 요야쿠시마시타

여기에 성함과 전화번호를 기입해주십시오.

ここにお名前と電話番号を記入してください。

코코니 오나마에토 뎅와방고-오 키뉴- 시테쿠다사이

요금확인을 하고 싶습니다.

料金の確認をしたいんですが。

료-킨노 카쿠닝오 시타인데스가

잠시 기다려주십시오. 확인해 보겠습니다.

少々お待ちください。確かめてみますから。

쇼-쇼- 오마치쿠다사이. 타시카메테 미마스카라

죄송합니다. 예약이 되어있지 않습니다.

申し訳ございません。ご予約はなさっておりません。

모-시와케 고자이마셍. 고요야쿠와 나삿테 오리마셍

확실히 예약을 했는데요.

たしかに予約はしましたけれど。

타시카니 요야쿠와 시마시타케레도

다시 한 번 확인해 주시겠습니까?

もう一度確かめてくださいませんか。

모-이치도 타시카메테 쿠다사이마셍까?

그럼, 비어 있는 방은 없습니까?

では、空いている部屋はありませんか。

데와, 아이테이루 헤야와 아리마셍까?

키오스크 체크인

자판기의 나라 일본은 호텔 역시 기계로 셀프 체크인 하는 곳이 늘고 있다. 5성급 호텔을 제외하면 호텔 직원을 만날 일은 거의 없다고 봐야 한다. 방법도 간단해 누구나 쉽게 할 수 있다.

❶ 언어 선택 시 한국어를 선택한다. (일본의 대부분 키오스크는 한국어를 지원하고 있다.)
❷ 자신의 예매한 내역을 전화번호, 이름, 예약번호 또는 QR코드로 확인한다.
❸ 고개정보입력란이 나오면 간단히 입력하도록 하자.
❹ 여권을 스캐너에 올려 스캔을 한다.
❺ 방키가 나오면 방키를 가지고 해당 객실로 이동하면 된다.

체크아웃도 키오스크에서 간단히 방키를 반납하는 것만으로 할 수 있다.

호텔에서 귀중품을 맡길 때

현지에서 많이 일어나는 상황을 미리 익히기

A 貴重品預かりからパスポートを出したいんですが。
키초-힝아즈카리카라 파스포-토오 다시타인데스가

B かぎはお持ちですか。
카기와 오모치데스까?

A はい、これです。
하이, 코레데스

B はい、わかりました。少々お待ちください。
하이, 와카리마시타. 쇼-쇼- 오마치쿠다사이

ここにご署名いただけますか。
코코니 고쇼메이 이타다케마스까

A これでいいですか。
코레데 이-데스까?

대화 내용 알아보기

A 귀중품 보관함에서 여권을 꺼내고 싶습니다.
B 열쇠를 가지고 계십니까?
A 네, 이겁니다.
B 네, 알겠습니다. 잠시 기다려 주세요.
여기에 사인해 주십시오.
A 이렇게 하면 됩니까?

귀중품을 맡기고 싶습니다.

貴重品を預けたいんですが。

키쵸-힝오 아즈케타인데스가

외출합니다.

外出しますが。

가이슈츠시마스가

열쇠를 맡아주십시오.

かぎを預かってください。

카기오 아즈캇테 쿠다사이

5시에 돌아오겠습니다.

五時にもどります。

고지니 모도리마스

곧 돌아오겠습니다.

すぐ帰ってきます。

스구 카엣테키마스

관광버스는 이 호텔 앞에 멈춥니까?

はとバスはこのホテルの前に止まりますか。

하토바스와 코노 호테루노 마에니 토마리마스까?

이 호텔 근처에 전철역은 있습니까?

このホテルの近くに電車の駅はありますか。

코노 호테루노 치카쿠니 덴샤노 에키와 아리마스까?

저에게 전언은 없었습니까?

わたしあての伝言はありませんか。

와타시아테노 뎅공와 아리마셍까?

야마다씨로부터 전화가 왔었습니다.

山田さんから電話がございました。

야마다상카라 뎅와가 고자이마시타

비상구는 어디입니까?

非常口はどこですか。

히죠-구치와 도코데스까?

어딘가에 열쇠를 잃어버렸습니다.

かぎをどこかに忘れてしまいました。

카기오 도코카니 와스레테 시마이마시타

다녀왔습니다. 361호실 열쇠를 주십시오.

ただいま、361号室のかぎをください。

타다이마, 삼뱌쿠로쿠쥬이치 고-시츠노 카기오 쿠다사이

フロント
후론토

프런트

^{きちょうひん}貴重品

키초오힌

귀중품

^{まか}任せる

마카세루

맡기다

コンセント

콘센토

콘센트

^{へや}部屋の^{かぎ}鍵

헤야노 카기

방 키

^{しょめい}署名

쇼메이

서명

^{きんこ}金庫
킨코

금고

^{たの}頼む

타노무

부탁하다

호텔에서 모닝콜을 부탁할 때

현지에서 많이 일어나는 상황을 미리 익히기

A もしもし、モーニングコールをお願いしたいんですが。

모시모시, 모-닝구코-루오 오네가이시타인데스가

B 何時にしましょうか。

난지니 시마쇼-까?

A あしたの朝、六時にお願いします。

아시타노 아사, 로쿠지니 오네가이시마스

B お名前とお部屋の番号をどうぞ。

오나마에토 오헤야노 방고-오 도-조

A 金英主です。部屋は361号室です。

킴영주데스. 헤야와 삼뱌쿠로쿠쥬이치 고-시츠데스

B はい、承知いたしました。

하이, 쇼-치이타시마시타

대화 내용 알아보기

A 여보세요, 모닝콜을 부탁하고 싶은데요.
B 몇 시에 해드릴까요?
A 내일 아침 6시에 부탁드립니다.
B 성함과 방 번호를 말씀해 주십시오.
A 김영주입니다. 방은 361호실입니다.
B 네, 알겠습니다.

모닝콜은 어떻게 부탁합니까?

モーニングコールはどうお願いしますか。

모-닌구코-루와 도- 오네가이시마스까?

계시는 동안, 매일아침 7시에 깨워드릴까요?

滞在中、毎朝七時に起こしてあげましょうか。

타이자이쥬-, 마이아사 시치지니 오코시테 아게마쇼-까?

꼭 부탁합니다. 잊지마십시오.

必ずお願いします。忘れないでください。

카나라즈 오네가이시마스. 와스레나이데 쿠다사이

여보세요, 룸서비스를 불러주세요.

もしもしルームサービスを呼んでください。

모시모시, 루-무사-비스오 욘데쿠다사이

오사까의 지역번호는 몇 번입니까?

大阪の地域番号は何番ですか。

오-사카노 치이키방고-와 난방데스까?

이 호텔에서 외선은 어떻게 겁니까?

このホテルから外線はどうかけるんですか。

코노 호테루카라 가이셍와 도- 카케룬데스까?

호텔에서 룸서비스를 부탁할 때

현지에서 많이 일어나는 상황을 미리 익히기

A ルームサービスです。何^{なに}か、御用^{ごよう}でしょうか。

루-무사-비스데스. 나니카 고요-데쇼-까?

B はい、あしたの朝食^{ちょうしょく}をお願^{ねが}いしたいのですが。

하이, 아시타노 초-쇼쿠오 오네가이 시타이노데스가

A 朝食^{ちょうしょく}は何^{なに}になさりますか。

초-쇼쿠와 나니니나사리마스까?

B ご飯^{はん}とみそしる、のりと焼^やき魚^{ざかな}をください。

고항토 미소시루, 노리토 야키자카나오 쿠다사이

A はい、承知^{しょうち}しました。

하이, 쇼-치시마시타

대화 내용 알아보기

A 룸 서비스입니다. 부르셨습니까?
B 네, 내일 아침식사를 부탁하고 싶은데요.
A 아침식사는 어떤 것을 드시겠습니까?
B 밥과 된장국, 김과 구운 생선을 주세요.
A 네, 알겠습니다.

다양한 표현으로 실력 확장하기

좀 더 여러가지 표현으로 회화의 실력을 UP

룸서비스를 부탁합니다.

ルームサービスをお願いします。

루-무사-비스오 오네가이시마스

몇 호 실입니까?

何号室ですか。

난고-시츠 데스까?

361호실의 김입니다.

361号室の金です。

삼뱌쿠로쿠쥬이치 고-시츠노 킴데스

내일 아침식사를 부탁할 수 있습니까?

あしたの朝食をお願いできますか。

아시타노 쵸-쇼쿠오 오네가이 데키마스까?

아침식사는 방까지 가져다 주실 수 있습니까?

朝食は部屋までお願いします。

쵸-쇼쿠와 헤야마데 오네가이시마스

커피와 샌드위치를 부탁합니다.

コーヒーとサンドイッチをお願いします。

코-히-토 산도잇치오 오네가이시마스

호텔에서 세탁을 맡길 때

현지에서 많이 일어나는 상황을 미리 익히기

A ワイシャツのクリーニングお願<ねが>いします。

와이샤츠노 쿠리-닝구 오네가이시마스

B はい、いつまで仕上<しあ>げましょうか。

하이, 이츠마데 시아게마쇼-까?

A そうですね。あしたの朝<あさ>までにできますか。

소-데스네, 아시타노 아사마데니 데키마스까?

B はい、大丈夫<だいじょうぶ>です。なんでしたら、

하이, 다이죠-부데스. 난데시타라

お部屋<へや>までお届<とど>けしましょうか。

오헤야마데 오토도케시마쇼-까?

A ええ、じゃお願<ねが>いします。

에-, 쟈- 오네가이시마스

대화 내용 알아보기

A 와이셔츠 세탁을 부탁합니다.

B 네, 언제까지 해드릴까요?

A 내일 아침까지 될까요?

B 네, 충분합니다. 원하신다면
    방까지 배달해 드릴까요?

A 예, 그럼 부탁드릴게요.

세탁에 대해서 물어보고 싶습니다.

洗濯についてお聞きしたいんですが。

센타쿠니 츠이테 오키키 시타인데스가

크리닝서비스를 부탁합니다.

クリーニングサービスをお願いします。

쿠리-닝구 사-비스오 오네가이시마스

와이셔츠 3장과 바지입니다.

ワイシャツ三枚とズボンです。

와이샤츠 삼마이토 즈봉데스

이 얼룩은 지워질까요?

このしみは取れますか。

코노 시미와 토레마스까?

내일 아침까지 부탁합니다.

あしたの朝までにお願いします。

아시타노 아사마데니 오네가이시마스

이 바지를 다림질 해 주실 수 있습니까?

このズボンをプレスしていただけますか。

코노 즈봉오 프레스시테 이타다케마스까?

58

호텔에서 생긴 문제 해결하기

현지에서 많이 일어나는 상황을 미리 익히기

A どんなご用でしょうか。

돈나 고요-데쇼-까?

B 鍵をなくしてしまって、部屋に入れないんですが。

카기오 나쿠시테 시맛테, 헤야니 하이레나인데스가

A わかりました。はやくハウスキーパーを行かせて、

와카리마시타. 하야쿠 하우스키-파-오 이카세테,

合鍵でドアを開けさせましょう。

아이카기데 도아오 아케사세마쇼-

お部屋の番号は。

오헤야노 방고-와

A 361号室です。

삼뱌쿠로쿠쥬이치 고-시츠데스

A 무슨 일이십니까?

B 열쇠를 잃어버려 방에 들어갈 수 없어요.

A 알겠습니다. 곧 하우스 키퍼를 보내서
여벌열쇠로 열어드리겠습니다.
방 번호는 어떻게 되십니까?

A 361호실입니다.

59

다양한 표현으로 실력 확장하기
좀 더 여러가지 표현으로 회화의 실력을 UP

열쇠를 잃어버렸습니다.

鍵をなくしてしまったんですが。

카기오 나쿠시테 시맛탄데스가

방에 열쇠를 둔 채로 잠궈버렸습니다.

部屋に鍵を置いたままロックしてしまったんですが。

헤야니 카기오 오이타마마 록쿠시테 시맛탄데스가

화장실 물이 멈추지 않아요.

トイレの水が止まりません。

토이레노 미즈가 토마리마셍

화장실의 물이 잘 빠지지 않습니다.

トイレの水がよく流れません。

토이레노 미즈가 요쿠 나가레마셍

뜨거운 물이 나오지 않습니다.

お湯が出ません。

오유가 데마셍

에어콘이 고장났습니다.

エアコンが故障しています。

에아콘가 코쇼-시테 이마스

60

텔레비전이 나오지 않습니다.

テレビがよく映りません。

텔레비가 요쿠 우스리마셍

즉시 점검해 주십시오.

すぐ点検してください。

스구 텡켕시테 쿠다사이

죄송합니다. 곧 고쳐드리겠습니다.

申し訳ございません。ただ今直します。

모-시와케 고자이마셍. 타다이마 나오시마스

방을 좀 더 따뜻하게 해주십시오.

部屋をもっと暖かくしてください。

헤야오 못토 아타타카쿠 시테쿠다사이

모포가 한 장 더 필요합니다.

毛布をもう一枚ほしいんですが。

모-후오 모-이치마이 호시인데스가

방에 타월과 비누가 없습니다.

部屋にタオル、石けんがありません。

헤야니 타오루, 섹켕가 아리마셍

자주 쓰이는 단어 익히기

말하기에서 단어만 알아도 50%는 먹고 들어간다는 사실

ルームサービス

루-무사-비스

룸서비스

カード

카-도

카드

モーニングコール

모-닝구코-루

모닝콜

石鹼 せっけん

셋켕

비누

税金 ぜいきん

제-킨

세금

支払う しはら

시하라우

지불하다

非常口 ひじょうぐち

히조쿠치

비상구

チェックアウト

쳇쿠아우토

체크아웃

호텔에서 체크아웃할 때

현지에서 많이 일어나는 상황을 미리 익히기

A チェックアウトしたいんですが、361号室(ごうしつ)です。

체크아우토 시타인데스가, 삼뱌쿠로쿠쥬이치고-시츠데스

B 金英主さまですね。鍵(かぎ)をいただけますか。

킴영주사마데스네. 카기오 이타다케마스까?

A はい、ここです。

하이, 코코데스

B 税込(ぜいこ)みで3万(まん)5千円(せんえん)です。

제이코미데 삼망 고셍엔데스

A このカードでもいいですか。

코노 카-도데모 이-데스까?

B もちろんです。忘(わす)れ物(もの)はございませんか。

모치론데스. 와스레모노와 고자이마셍까?

대화 내용 알아보기

A 체크아웃하고 싶은데요, 361호실입니다.

B 김영주씨군요. 열쇠를 주시겠습니까?

A 네, 여기 있습니다.

B 세금 포함해서 3만 5천 엔입니다.

A 이 카드로도 지불할 수 있습니까?

B 물론입니다. 잊으신 물건은 없습니까?

체크아웃은 몇 시입니까?

チェックアウトは何時ですか。

쳇쿠아우토와 난지데스까?

체크아웃을 부탁합니다.

チェックアウトをお願いします。

쳇쿠아우토오 오네가이시마스

내일 아침에 떠나고 싶습니다.

あしたの朝、たちたいんですが。

아시타노 아사, 타치타인데스가

하루 빨리 떠나고 싶습니다.

一日早くたちたいんですが。

이치니치 하야쿠 타치타인데스가

하루 더 묵고 싶습니다.

もう一泊、泊まりたいんですが。

모-입파쿠, 토마리타인데스가

계산을 부탁합니다.

会計をお願いします。

카이케이오 오네가이시마스

지불방법은 어떻게 하시겠습니까?

支払い方法はどうなさいますか。

시하라이 호-호-와 도-나사이마스까?

이 카드로 지불하겠습니다.

このカードでお願いします。

코노 카-도데 오네가이시마스

이 금액은 무엇입니까?

この金額は何ですか。

코노 킹가쿠와 난데스까?

세금 포함입니까?

税込みですか。

제이코미데스까?

여기에 사인을 부탁합니다.

ここにサインをお願いします。

코코니 사잉오 오네가이시마스

택시를 불러 주실 수 있습니까?

タクシーを呼んでいただけますか。

타쿠시-오 욘데 이타다케마스까?

꿀 팁 여행 가이드

현지 여행정보를 미리 알아보고 가면 편리하다

서양식 호텔

일본 전국에 걸쳐 분포되어 있으며 높은 수준의 서비스와 시설을 자랑하고 있다. 쾌적한 숙박환경을 갖추고 있는 것 외에도 통역, 쇼핑센터, 헬스클럽 등 추가 서비스를 받을 수도 있다. 특급호텔의 더블 혹은 트윈 룸의 경우 1박당 평균 30,000엔 정도이며 일급호텔의 경우 약 20,000엔 전후이다.

비즈니스호텔

저렴하게 일본을 여행하려는 관광객들에게 있어서는 최적의 호텔로 최소한의 필요한 시설만을 갖추고 있으며 주로 비즈니스맨을 위한 호텔이라고 할 수 있다. 지하철역과 가까워 편리하고 싱글룸의 경우 약 5,000 ~10,000엔이다.

료칸

일본 에도시대부터 지금까지 이어져 오고 있는 전통 숙박시설로 우아한 옛 귀족의 기분을 느끼고 싶다면 료칸을 추천한다. 바닥은 다다미로 되어있으며 전통적인 인테리어로 꾸며져 있다. 숙박과 일본전통 문화를 체험하기에 좋으며 보통은 두 번의 식사가 포함된 12,000~20,000엔 정도이고 객실만

제공되는 곳은 평균 5,000엔 정도로 세금과 서비스요금은 별도로 청구된다.

호스텔

매우 저렴한 가격으로 안전하게 머물 수 있는 장소로 세계 각국의 친구를 사귀기도 쉽다. 도미토리를 여러 사람과 같이 이용하다 보니 조금 예민한 사람은 피하는 것이 좋다. 숙박비는 2,000~5,000엔까지 다양하다.

캡슐 호텔

1979년 오사카에서 처음 선보인 캡슐 호텔은 일본의 독특한 숙박 유형 중 하나이다. 최소한의 공간만을 제공하지만, TV, 충전, 램프 등 있어야 할 것은 모두 갖추고 있다. 잠자는 공간을 제외하고는 공동 공간이지만, 호스텔보다는 좀 더 사생활 보장이 가능하다. 가격은 3,000~ 5,000엔 사이이다.

PART 3
교통

버스로 관광할 때

현지에서 많이 일어나는 상황을 미리 익히기

A 池袋行きのバスは何番ですか。

이케부쿠로유키노 바스와 남방데스까?

B 三番で、青い文字です。

삼방데, 아오이 모지데스

A バス停はどこですか。

바스테이와 도코데스까?

B 通りの向うの銀行の前です。

토-리노 무코-노 깅코-노 마에데스

A 池袋まではいくらですか。

이케부쿠로마데와 이쿠라데스까?

B 270円です。

니햐쿠나나쥬-엔데스

대화 내용 알아보기

A 이케부쿠로행 버스는 몇 번 입니까?

B 3번으로 파란 글씨입니다.

A 버스정류소는 어디입니까?

B 큰길 맞은편 은행 앞입니다.

A 이케부쿠로까지는 얼마입니까?

B 270엔입니다.

69

다양한 표현으로 실력 확장하기

좀 더 여러가지 표현으로 회화의 실력을 UP

이 버스는 신주꾸에서 멈춥니까?

このバスは新宿に止まりますか。

코노 바스와 신쥬쿠니 토마리마스까?

다음 버스는 몇 시입니까?

次のバスは何時ですか。

츠기노 바스와 난지데스까?

이 근처에서 버스는 탈 수 있습니까?

この近くでバスに乗れますか。

코노 치카쿠데 바스니 노레마스까?

이 버스는 어느 행입니까?

このバスはどこ行きですか。

코노 바스와 도코 유키데스까?

오사카 표 두 장 주세요.

大阪まで二枚ください。

오-사카마데 니마이 쿠다사이

여기서 갈아타십시오.

ここで乗り換えてください。

코코데 노리카에테 쿠다사이

70

다음에서 내려주십시오.

次で降ろしてください。

츠기데 오로시테 쿠다사이

우에노에 도착하면 가르쳐 주십시오.

上野に着いたら教えてください。

우에노니 츠이타라 오시에테 쿠다사이

교토에는 몇 시에 도착합니까?

京都には何時に着きますか。

쿄-토니와 난지니 츠키마스까?

후쿠오카까지 어느 정도 걸립니까?

福岡までどのくらいかかりますか。

후쿠오카마데 도노쿠라이 카카리마스까?

긴자는 이 다음입니다.

銀座はこの次です。

긴자와 코노 츠기데스

표를 잃어버렸습니다.

切符をなくしてしまいました。

킵푸오 나쿠시테 시마이마시타

71

꿀 팁 여행 가이드

현지 여행정보를 미리 알아보고 가면 편리하다

시내버스로 일본 관광하기!

모든 주요 도시에는 시내버스가 운행되고 있지만, 여행자들이 이용하기에는 노선이 너무 복잡하고 도로정체도 심한 편이니 되도록 이용하지 않는 것이 좋다. 버스를 타는 방법은 우리나라와 달리 뒷문으로 탑승하고 내릴 목적지가 다가오면 하차 버튼을 누른 뒤 요금 수납기에 현금을 내거나 IC카드 등을 개찰기에 인식한 뒤 앞문으로 하차한다. 대표적인 교통 카드로는 도쿄의 스이카(suica) 카드와 오사카의 이코카(icoca) 카드가 있다. 교통 카드를 사용하면 버스를 탈 때마다 표를 사지 않아도 되는 편리함과 약간의 할인이 되고 편의점 등에서도 카드 사용이 가능하다.

구글 지도를 사용하면 목적지로 가는 버스와 요금 및 버스 시간표가 나오므로 편하게 버스를 이용할 수 있다.

택시로 일본 관광하기!

시내 교통편으로는 택시가 매우 편리하지만, 요금이 비싼 편이다. 하지만 3명 이상이 가까운 거리를 이동할 때에는 이용할 만하다. 택시요금은 소형, 중형 등 차량의 크기와 거리에 달라지며 자세한 요금은 운전석 옆에 표시되어 있다. 뒷좌석 문은 자동으로 열리고 닫힌다. 팁을 주는 것은 일상화되어 있지 않으므로 미터기의 요금만 지불하면 된다.

택시로 관광할 때

현지에서 많이 일어나는 상황을 미리 익히기

A タクシー乗り場はどこですか。

타쿠시- 노리바와 도코데스까?

B あそこの角です。

아소코노 카도데스

A タクシー。

타쿠시-

B どちらまでいらっしゃいますか。

도치라마데 이랏샤이마스까?

A プリンスホテルお願いします。

프린스 호테루 오네가이시마스

時間がないので、急いでください。

지캉가 나이노데, 이소이데 쿠다사이

대화 내용 알아보기

A 택시 승강장은 어딥니까?
B 저기 모퉁이입니다.
A 택시!
B 어디까지 가십니까?
A 프린스 호텔까지 부탁합니다.
시간이 없으니 서둘러 주십시오.

다양한 표현으로 실력 확장하기

좀 더 여러가지 표현으로 회화의 실력을 UP

택시를 타고 싶습니다.

タクシーに乗りたいんですが。

타쿠시-니 노리타인데스가

택시는 어디서 탈 수 있습니까?

タクシーはどこで乗りますか。

타쿠시-와 도코데 노리마스까?

택시 승강장은 어디입니까?

タクシー乗り場はどこですか。

타쿠시- 노리바와 도코데스까?

택시를 불러주십시오.

タクシーを呼んでください。

타쿠시-오 욘데 쿠다사이

이 주소까지 부탁합니다.

この住所までお願いします。

코노 쥬-쇼마데 오네가이시마스

이세탄까지 부탁합니다.

伊勢丹までお願いします。

이세탄마데 오네가이시마스

74

똑바로 가주십시오.

真っすぐ行ってください。

맛스구 잇테 쿠다사이

다음 모퉁이를 오른쪽(왼쪽)으로 돌아주십시오.

次の角を右(左)へ曲がってください。

츠기노 카도오 미기(히다리)에 마갓테 쿠다사이

맞은편까지 가십시오.

向うまで行ってください。

무코-마데 잇테 쿠다사이

조금 서둘러 주십시오.

少し急いでください。

스코시 이소이데 쿠다사이

여기서 세워주세요.

ここで止めてください。

코코데 토메테 쿠다사이

신호 바로 앞에서 세워주세요.

信号の手前で止めてください。

신고-노 테마에데 토메테 쿠다사이

자주 쓰이는 단어 익히기

말하기에서 단어만 알아도 50%는 먹고 들어간다는 사실

タクシー乗り場
の ば

타쿠시-노리바

택시 승강장

バス停
てい

바스테이

버스 정류장

バスの切符
きっぷ

바스노 킷푸

버스 표

到着
とうちゃく

토-챠쿠

도착

出発
しゅっぱつ

슛파츠

출발

次の駅
つぎ えき

츠기노 에키

다음 역

停車
ていしゃ

테-샤

정차

住所
じゅうしょ

쥬-쇼

주소

지하철로 관광할 때

현지에서 많이 일어나는 상황을 미리 익히기

A 新宿へは、どう行きますか。

신주쿠에와, 도-이 키마스까?

B 山手線に乗って行けばいいです。

야마노테센니 놋테 이케바 이-데스

A ここから遠いですか。

코코카라 토-이데스까?

B いいえ、それほど遠くありません。

이-에, 소레호도 토-쿠 아리마셍

A 切符はどこで買いますか。

킵푸와 도코데 카이마스까?

B 自動販売機です。

지도-함바이키데스

A 신쥬쿠는 어떻게 가면 됩니까?
B 야마노테센을 타고 가면 됩니다.
A 여기서 멉니까?
B 아니오, 그다지 멀지 않습니다.
A 표는 어디서 삽니까?
B 자동판매기에서 팝니다.

다양한 표현으로 실력 확장하기

좀 더 여러가지 표현으로 회화의 실력을 UP

지하철 역은 어디입니까?

地下鉄駅はどこですか。

지카테츠 에키와 도코데스까?

가장 가까운 역은 어디입니까?

最寄りの駅はどこですか。

모요리노 에키와 도코데스까?

우에노에 가려면 몇 번 선을 타면 됩니까?

上野に行くには何線に乗ればいいですか。

우에노니 이쿠니와 나니센니 노레바 이-데스까?

지하철(전철) 노선도를 주십시오.

地下鉄(電車)の路線図をください。

치카테츠(덴샤)노 로센즈오 쿠다사이

매표소는 어디입니까?

切符売場はどこですか。

킵푸우리바와 도코데스까?

긴자에 가는 것은 어느 선입니까?

銀座へ行くのは、どの線ですか。

긴자에 이쿠노와, 도노 센데스까?

78

어디서 갈아탑니까?

どこで乗り換えますか。

도코데 노리 카에마스까?

어느 역에서 내리면 됩니까?

どこの駅で降りればいいですか。

도코노 에키데 오리레바 이-데스까?

급행은 우에노에 멈춥니까?

急行は上野に止まりますか。

큐-코-와 우에노니 토마리마스까?

완행열차를 타면 1시간 정도 걸립니다.

各駅停車に乗れば1時間ぐらいかかります。

카쿠에키테-샤니 노레바 이치지캉 구라이 카카리마스

택시보다 전철이 빠릅니다.

タクシーより電車が速いです。

타쿠시-요리 덴샤가 하야이데스

마지막 전철은 몇 시일까요?

終電は何時ですか。

슈-뎅와 난지데스까?

꿀 팁 여행 가이드

현지 여행정보를 미리 알아보고 가면 편리하다

일본 기차 티켓 구매하기

대부분 JR이 운영하는 역은 미도리 창구라는 기차 관련 전용 창구가 마련되어 JR 패스 발급 등 다양한 서비스를 제공하고 있다.

자동 티켓 발매기 이용법

① 한국어 지원이 가능하므로 언어를 한국어로 선택한다.
② 가고자 하는 노선을 정한 후 어떤 교통수단을 이용할 것인지를 먼저 결정한 후 노선의 이름을 찾는다.
③ 노선의 번호와 색깔, 가는 방향 모두를 잘 파악해 두어야 하며 가격을 확인한다.
④ 투입구에 돈을 넣으면 해당 버튼에 불이 들어오며 일행이 있을 경우에는 사람 수 모양의 버튼을 누르면 같이 계산된다.
⑤ 우리나라와 마찬가지로 지폐 입구에 돈을 넣으면 잔돈은 나오고 표가 발급된다.

기차역에는 최소한 1시간 전에 도착하는 것이 좋다. 수속을 받는데 10분 정도 걸리지만, 기다리는 시간을 감안하여 넉넉히 도착해야 한다. 도착하면 출발시간과 플랫폼을 확인한다. 기차에 오른 후에는 검표원에게 티켓이나 패스를 보여주면 검표 당시 앉은 자리를 검표원이 들고 있는 전자식 단말기에  입력한다. 일본의 기차여행 중 가장 인상적이라 할 수 있는 것은 기차 매점에서 판매하는 도시락이다. 이 도시락을 '에키벤'이라고 하는데 기차를 이용하여 여행하는 관광객이라면 꼭 매점에 들려 먹어보길 바란다.

기차와 지하철로 가는 대표 노선 Best 3

고노센 _ 일본 최고의 인기 노선이다. 도호쿠 지방의 중심 도시인 아키타와 아오모리의 해안선을 따라 달린다. 달리는 해변 전망대라 불리는 리조트 시라카미를 타고 아름다운 바다 풍경을 바로 코앞에서 감상할 수 있으며, 세계 자연 문화유산으로 지정된 시라카미 산치, 황금빛 온천, 열정적인 샤미센 연주, 대문호의 숨결이 서린 작은 마을 등 기차 여행의 백미를 느낄 수 있는 명소들로 가득한 노선이다. 특히 아키타에서는 나베 요리로 유명하고 아오모리는 신선하고 풍부한 해산물이 유명하여 저렴한 스시를 실컷 먹을 수 있으므로 꼭 먹어보길 권한다.

기세혼센 _ 오사카와 나고야의 중간 지대인 기세반도는 수많은 역사 유적과 아름다운 해변등을 지닌 훌륭한 관광지이다. 출발역은 나고야에서 가까운 카메야마, 종착역은 오사카에서 가까운 와카야마시이다. 구불구불한 해안선을 따라 기암괴석과 험준한 절벽들이 이루어내는 절경을 즐길 수 있으며, 세계 문화유산인 구마모토를 비롯한 온천, 폭포, 사찰 등 역 곳곳마다 볼거리 가득한 즐거운 노선이라 강력히 추천한다.

닛포혼센 _ 일본 하면 온천을 먼저 생각하게 된다. 닛포혼센은 규슈의 동쪽 해안을 달리며 고쿠라, 벳푸, 오이타, 미야자키, 가고시마 등 주요 도시들을 거치는 규슈 종단 열차로, 온천으로 유명한 도시들을 많이 거치게 된다. 특히 가고시마는 돼지고기 및 고구마로 유명하므로 꼭 들러서 먹어보길 바란다. 이 구간의 가장 인기 있는 관광지는 우스키이다. 이곳은 우스키 석불로 유명한 곳이다. 일본의 국보로 지정된 60여 기의 마애석불군이 장관을 연출한다. 다양한 볼거리도 보고 온천으로 여독도 풀 수 있는 훌륭한 노선이다.

자주 쓰이는 단어 익히기

말하기에서 단어만 알아도 50%는 먹고 들어간다는 사실

地下鉄の駅
ちかてつ えき

치카테츠노 에키

지하철 역

急行
きゅうこう

큐-코-

급행

目的地
もくてきち

모쿠테키치

목적지

乗り換える
の か

노리카에루

갈아타다

路線図
ろせんず

로센즈

노선도

切符売り場
きっぷ う ば

킷푸-리바

매표소

片道
かたみち

카타미치

편도

往復
おうふく

오-후쿠

왕복

A 大阪へ行きたいんですが。
오-사카에 이키타인데스가

B はい、いつですか。
하이, 이츠데스까?

A 3日です。
믹카데스

B 午前ですか、午後ですか。
고젠데스까, 고고데스까?

A 午前9時の「ひかり」です。
고젠 쿠지노 「히카리」 데스

B はい、何枚ですか。
하이, 남마이데스까?

A 大人2枚、子供1枚です。
오토나 니마이, 코도모 이치마이데스

대화 내용 알아보기

A 오사카에 가는 표를 예약하고 싶은데요.
B 네, 언제입니까?
A 3일입니다.
B 오전입니까?, 오후입니까?
A 오전 9시 [히카리]입니다.
B 네, 몇 장입니까?
A 어른 두 장, 어린이 한 장 주세요.

다양한 표현으로 실력 확장하기

좀 더 여러가지 표현으로 회화의 실력을 UP

교토까지의 왕복요금은 얼마입니까?

京都までの往復料金はいくらですか。

쿄-토마데노 오-후쿠료-킹와 이쿠라데스까?

동경행은 몇 번선입니까?

東京行きは何番線ですか。

토-쿄 유키와 남반센데스까?

오사카까지의 편도를 주십시오.

大阪までの片道をください。

오-사카마데노 카타미치오 쿠다사이

5분 정도 될 것 같습니다.

5分ぐらいだと思います。

고훙구라이다토 오모이마스

다음 열차는 몇 시입니까?

次の列車は何時ですか。

츠기노 렛샤와 난지데스까?

신칸센에 「히카리」와 「코다마」가 있습니다.

新幹線に「ひかり」と「こだま」があります。

신칸센니 「히카리」 토 「코다마」가 아리마스

이 표로 도중하차 할 수 있습니까?

この切符で途中下車できますか。

코노 킵푸데 토츄- 게샤 데키마스까?

이 표는 취소할 수 있습니까?

この切符キャンセルできますか。

코노 킵푸 캔세루 데키마스까?

침대차(식당차)가 있습니까?

寝台車(食堂車)がありますか。

신다이샤 (쇼쿠도-샤)가 아리마스까?

다음 역은 어디입니까?

次の駅はどこですか。

츠기노 에키와 도코데스까?

지금, 어디를 달리고 있습니까?

今、どこを走っていますか。

이마, 도코오 하싯테 이마스까?

정산소는 어디입니까?

精算所はどこですか。

세-산죠와 도코데스까?

꿀 팁 여행 가이드

현지 여행정보를 미리 알아보고 가면 편리하다

열차로 일본 여행하기

일본의 열차는 기능과 시설 면에서 세계 최고를 자랑하며 전국을 구석구석 완벽하게 연결하므로 일본을 처음 여행하는 사람도 열차를 이용하면 전혀 불편함을 느낄 수가 없다. 일본의 열차는 특실과 금연석, 자유석(自由席), 지정석(指定席)으로 구분이 되어 있다. 보통 앞쪽의 차량은 지정석, 뒤쪽 차량은 자유석으로 열차 바깥쪽 옆에 한자로 표시가 되어 있다. 지정석은 자신이 앉을 좌석이 정해져 있으며 자유석은 먼저 앉는 사람이 임자이다. 지정석을 원하면 역 안에 있는 티켓 파는 곳(미도리노 마도구찌)나 여행사에서 원하는 시간대의 지정석 티켓을 받으면 된다.

전철과 지하철로 일본 여행하기

우리나라에서는 전철과 지하철이 혼용되어 사용하고 있지만, 일본의 경우에는 지하철과 전철은 엄연히 구분되어 있다. 전철은 교외로 다니는 전기 철도를 의미하며, 지하철은 그야말로 지하로만 다니는 전기철도를 의미한다. 그 밖의 이용 방법은 국내의 전철 이용 방법과 대동소이하다. 전철과 지하철이 민영으로 운영되고 있는 만큼 각 노선별로 요금 체계도 다 틀리며 지하철에서 전철로 바꿔 타면 같은 노선이라도 표를 다시 끊어야 하므로 미리 갈 곳을 잘 확인하고 노선도 정확하게 체크해야 한다. 표는 주로 동전과 1,000엔짜리 지폐를 이용하여 자판기에서 끊는데 원하는 지역의 버튼을 먼저 확인한 후 돈을 넣고 표를 사면된다.

렌트카로 관광할 때

현지에서 많이 일어나는 상황을 미리 익히기

A 3日間、借りたいんですが。

믹카캉, 카리타인데스가

B どのようなタイプがよろしいですか。

도노 요-나 타이프가 요로시이데스까?

A 小型のオートマチックがいいですね。

코가타노 오-토마칙쿠가 이-데스네

B 国際免許証はありますか。

코쿠사이멩쿄쇼-와 아리마스까?

A はい、あります。いくらですか。

하이, 아리마스. 이쿠라데스까?

B 一日、2万円です。

이치니치, 니망엔데스

대화 내용 알아보기

A 3일간, 빌리고 싶은데요.

B 어떤 타입이 좋겠습니까?

A 소형 오토메틱이 좋겠네요.

B 국제면허증은 있습니까?

A 네, 있습니다. 얼마입니까?

B 하루, 2만 엔입니다.

다양한 표현으로 실력 확장하기

좀 더 여러가지 표현으로 회화의 실력을 UP

소형차를 2일간, 빌리고 싶습니다.

小型車を2日間、借りたいんですが。

코가타샤오 후츠카캉, 카리타인데스가

오토매틱차로 부탁드립니다.

オートマチックをお願いします。

오-토마칙쿠오 오네가이시마스

싸고 운전하기 쉬운 차가 좋습니다.

安くて運転しやすいのがいいですね。

야스쿠테 운텡시야스이노가 이-데스네

어떤 차종이 있습니까?

どんなのがありますか。

돈나노가 아리마스까?

요금은 어떻습니까?

料金はどうですか。

료-킹와 도-데스까?

요금표를 보여주십시오.

料金表を見せてください。

료-킹 효-오 미세테 쿠다사이

88

보증금이 필요합니까?

保証金は。

호쇼-킹와

보험을 들고 싶은데요.

保険をかけたいんですが。

호켕오 카케타인데스가

사고 시 연락처를 가르쳐 주십시오.

事故の時の連絡先を教えてください。

지코노 토키노 렌라쿠사키오 오시에테 쿠다사이

주유소는 어디입니까?

ガソリンスタンドはどこですか。

가소린스탄도와 도코데스까?

가득 채워주십시오.

満たんにしてください。

만탕니 시테 쿠다사이

휘발유를 넣어 주십시오.

ガソリンを入れてください。

가소링오 이레테 쿠다사이

89

꿀 팁 여행 가이드

현지 여행정보를 미리 알아보고 가면 편리하다

일본 기차여행의 필수품 JR패스

외국인이라면 구입 가능 _ JR패스는 일본 전국 JR 노선 대부분을 자유롭게 이용할 수 있는 통합형 패스다. 7일, 14일, 21일 등 다양한 기간으로 구매 가능하며, 외국인 여행객만 구매할 수 있다.

JR패스 구입 _ JR패스는 일본에서 구입할 수 없다. 따라서 JR패스 공식 홈페이지 또는 여행사에서 구입해 일본에 가서 철도 패스로 바꿔야 한다. 교환권을 구입할 때의 주의점은 영문 이름이 여권과 동일해야만 하니 꼭 주의하길 바란다.

사용방법 _ 입국 시 또는 일본 도착 후 역 구매 창구에서 JR패스를 활성화한다. 활성화된 JR패스를 개찰구에 삽입하여 개찰하며 지정석 이용 시에는 미리 예약 해야 한다.

이용 가능 기차 _ JR그룹의 모든 철도노선에 이용 가능하지만 신칸센, 특급 열자, 급행 열차, 쾌속 열자 중에서는 일부 이용할 수 없는 열차도 있으므로 미리 반드시 확인하도록
하자.

열차의 종류

일본의 열차는 종류가 다양하므로 잘 보고 탑승해야 한다. 모르고 보통 열차를 타면 시간이 많이 걸려 귀중한 시간을 낭비할 수 있다.

종류	전광판 표기	정차역
보통	普通 / Local	모든역에 정차, 가장 느림
준급	準急 / Semi.Exp	주요역 정차, 일부 구간은 모든 역 정차
급행	急行 / Express	2~3역을 건너 띄고 주요역에만 정차
쾌속	快速 / Rapid. Exp	주요역 정차, 급행보다 더 빠른 열차
특급	特急 / Limited. Exp	주요역에만 정차, 가장 빠르고 비쌈

현지에서 길을 물어볼 때

현지에서 많이 일어나는 상황을 미리 익히기

A すみません。

스미마셍

B はい。

하이

A 伊勢丹デパートはどこですか。

이세탄 데파-토와 도코데스까?

B 真っすぐ行くと、左側にあります。

맛스쿠 이쿠토, 히다리가와니 아리마스

A ありがとうございます。

아리가토- 고자이마시타

B いいえ、どういたしまして。

이-에, 도-이타시마시테

대화 내용 알아보기

A 실례합니다.
B 네.
A 이세탄 백화점은 어디입니까?
B 곧장 가면 왼쪽에 있습니다.
A 고맙습니다.
B 아니오, 천만에요.

91

실례합니다. 역은 어디에 있습니까?

すみません。駅はどこですか。

스미마셍. 에키와 도코데스까?

역은 이 길로 곧장 가면 됩니다.

駅は、この道をまっすぐ行けばいいです。

에키와, 코노 미치오 맛스구 이케바 이-데스

이 근처에 호텔이 있습니까?

この辺にホテルありますか。

코노 핸니 호테루 아리마스까?

이 근처에 편의점이 있습니까?

この近くにコンビニがありますか。

코노 치카쿠니 콤비니가 아리마스까?

여기서 역까지 어느정도 걸립니까?

ここから駅までどのくらいですか。

코코카라 에키마데 도노쿠라이 데스까?

백화점은 여기서 멉니까?

デパートはここから遠いですか。

데파-토와 코코카라 토-이데스까?

아니오, 그다지 멀지 않습니다.

いいえ、あまり遠くありません。

이-에, 아마리 토-쿠 아리마셍

걸어서 그곳까지 갈 수 있습니까?

歩いてそこまで行けますか。

아루이테 소코마데 이케마스까?

죄송합니다. 다시 한번 말씀해 주세요.

すみません。もう一度言ってください。

스미마셍. 모-이치도 잇테 쿠다사이

약도를 그려주실 수 있습니까?

略図を書いてください。

랴쿠즈오 카이테 쿠다사이

무슨 표시가 될 만한 것은 없습니까?

何か目印はありますか。

나니카 메지루시와 아리마스까?

미안합니다만, 화장실은 어디입니까?

すみませんが、トイレはどこですか。

스미마셍가, 토이레와 도코데스까?

자주 쓰이는 단어 익히기

말하기에서 단어만 알아도 50%는 먹고 들어간다는 사실

敷金
시키킨

보증금

信号灯
신고-토-

신호등

運転免許証
운텐멘쿄쇼-

운전면허증

保険
호켄

보험

午前
고젠

오전

午後
고고

오후

揮発油
키하츠유

휘발유

汽車駅
키샤에키

기차역

A すみませんが、道に迷ってしまったんです。

스미마셍가, 미치니 마욧테 시맛탄데스

ここはどこですか。

코코와 도코데스까?

B ここは銀座3丁目です。

코코와 긴자 산쵸-메 데스

A では、この地図のどこですか。

데와, 코노 치즈노 도코데스까?

B えーと、あー、ここですよ。

에-토, 아-, 코코데스요

A どうも、ありがとうございました。

도-모, 아리가토-고자이마시타

대화 내용 알아보기

A 미안합니다만, 길을 잃었습니다.
여기는 어디입니까?
B 여기는 긴자 3쵸메(가)입니다.
A 그럼, 이 지도의 어디입니까?
B 예, 여기입니다.
A 대단히 고맙습니다.

다양한 표현으로 실력 확장하기

좀 더 여러가지 표현으로 회화의 실력을 UP

길을 잃어버렸습니다.

道に迷ってしまいました。

미치니 마욧테 시마이마시타

지금, 나는 어디에 있습니까?

今、わたしはどこにいますか。

이마, 와타시와 도코니 이마스까?

이 지도의 어디입니까?

この地図のどこですか。

코노 치즈노 도코데스까?

이 지도에 표시 해 주십시오.

この地図に印つけてください。

코노 치즈니 시루시 츠케테 쿠다사이

파출소는 어디입니까?

交番はどこですか。

코-방와 도코데스까?

신쥬꾸는 어느쪽 방향입니까?

新宿はどちらですか。

신쥬쿠와 도치라데스까?

96

이쪽은 처음입니까?

こちらははじめてですか。

코치라와 하지메테데스까?

네, 처음입니다.

ええ、はじめてです。

에-, 하지메테데스

어디가 어딘지 전혀 모르겠습니다.

どこがどこか全然わかりません。

도코가 도코카 젠젠 와카리마셍

JR 우에노 역으로 가는 길을 가르쳐 주십시오.

JR上野駅へ行く道を教えてください。

JR우에노 에키에 이쿠 미치오 오시에테 쿠다사이

저기에 보이는 입구가 JR 우에노 역입니다.

あそこに見える入口がJR上野駅です。

아소코니 미에루 이리구치가 JR우에노에키데스

이 길을 곧장 가면 입구가 나옵니다.

この道をまっすぐ行くと入口に出ます。

코노 미치오 맛스구 이쿠토 이리구치니 데마스

꿀 팁 여행 가이드

현지 여행정보를 미리 알아보고 가면 편리하다

일본 여행에서 꼭 가봐야할 관광 명소

도쿄(東京) - 일본의 수도이며 세계적인
대도시의 하나로 정치, 경제, 행정, 교육,
문화, 교통 및 세계경제의 중심지로서
일본의 과거와 현대가 함께 숨 쉬는 곳
이다. 전자상가와 젊은이의 거리로 유명
한 신주쿠(新宿), 미래형 도시인 이케부
쿠로(池袋), 젊음을 대표하는 시부야(澁

谷) 및 하라주쿠(原宿), 국립박물관과 민속박물관이 있는 우에노(上野), 일본다운
정서와 분위기를 진하게 느낄 수 있는 아사쿠사(淺草), 전기, 전자제품의 할인 상가
로 구성된 아키하바라(秋葉原), 일류 호텔, 대사관이 많은 아카사카(赤坂)와 롯폰
기(六本木), 그리고 도쿄 디즈니랜드가 있다.

오사카(大阪) - 일본 제2의 도시이며 오
래전부터 긴키(近畿) 지방의 중심지이
며, 상업의 도시로 알려져 왔다. 오사카
는 나라(奈良)나 교토(京都) 등에 비해
문화 유적이 많지 않은 편이다. 간사이
국제공항의 오픈과 함께 새롭게 발돋움
하고 있으며 유명 명소는 기타쿠(北區),
도톤보리(道頓堀), 덴노지(天王寺) 등이 있다.

나가사키(長崎) - 규슈(九州)의 서북부에 위치하고 있으며, 해외 문화가 유입되는
창구였기 때문에 이국의 정취가 강하게 남아 있는 곳이다. 히로시마에 이어 원자 폭
탄이 투하된 도시의 이미지를 벗고, 현재는 아름다운 자연속에서 빛나는 운젠(雲
仙), 시마바라(島原) 외에도 새로운 명소 하우스텐보스(Huis Tenbosch)가 사람들

의 발길을 이끄는 곳이기도 하다.

나라(奈良) - 일본열도의 거의 중앙부인 키이반도 한가운데 위치하고 있으며, 주변 면적의 약 78%가 산림으로 형성되어 있는 산악지대다. 세계적으로 뛰어난 문화유산과 역사적 풍토와 함께 아름다운 자연환경이 잘 조화를 이룬 나라현은 일본 역사에서 특별한 위치를 차지하고 있다. 나라는 서기 710년부터 784년까지 일본의 수도였으며 일본의 예술, 공예, 문학, 산업의 요지였다. 특히 현존하는 세계 최고의 목조 건축인 호류지와 도다이지가 유명하다.

교토(京都) - 교토부는 일본 혼슈의 중서부에 위치하고 있다. 4,600㎢의 면적에 260만의 인구가 살고 있고, 지형은 남북으로 길게 뻗어 있다. 몇 세기에 걸쳐 경제를 축적해 온 교토는 일본에서 가장 큰 경제력을 가지게 되었으며, 건축에서는 미술 공예품, 전통 예식에 이르기까지 주목받을 만한 훌륭한 문화유산을 보존하고 있다. 일본의 국보와 중요 문화재의 20%는 교토부에 집중되어 있으며, 실질적으로 일본 예술의 중심지로서의 그 역할을 담당하고 있다.

삿포로(札幌) - 일본의 5대 도시 중 하나이며, 홋카이도(北海道)의 행정, 경제, 문화의 중심도시이다. 시내는 바둑판 모양으로 반듯하게 구획되어져 있으며, 남북은 오도리 코엔(大通公園)을 경계로 동서는 소세이가와(創成川)를 경계로 한눈에 펼쳐진다.

오키나와 - 동아시아 남서 해역에 숱한 점을 찍어 놓은 듯이 이어지는 오키나와의 섬들은 산호초로 둘러싸여 있으며, 아열대 수목이 우거진 섬은 광대한 해역에 걸쳐 산호초군이 발달해 있다. 우아한 색채의 조화가 오키나와의 아름다움이며 뜨거운 감동을 안겨 주는 신비스러운 모습이다.

PART 4
레스
토랑

괜찮은 식당을 알고 싶을 때

현지에서 많이 일어나는 상황을 미리 익히기

A いい食堂を紹介してくださいませんか。

이- 쇼쿠도-오 쇼-카이시테 쿠다사이마셍까?

B どんな料理をご希望ですか。

돈나 료-리오 고키보-데스까?

A 日本料理が食べたいですね。

니혼료-리가 타베타이데스네

B デパートの前にいい料理屋があります。

데파-토노 마에니 이- 료-리야가 아리마스

A この近くですか。

코노 치카쿠데스까?

B はい、歩いて五分ぐらいです。

하이, 아루이테 고훙구라이데스

대화 내용 알아보기

A 좋은 식당을 소개해 주시겠습니까?

B 어떤 요리를 좋아하세요?

A 일본요리를 먹고 싶습니다.

B 백화점 앞에 좋은 음식점이 있습니다.

A 이 근처입니까?

B 네, 걸어서 5분 정도 입니다.

다양한 표현으로 실력 확장하기

좀 더 여러가지 표현으로 회화의 실력을 UP

괜찮은 레스토랑을 추천해 주시겠습니까?

いい、レストランを教えてください。

이- 레스토랑오 오시에테 쿠다사이

어떤 음식을 좋아하십니까?

どんな料理がお好きですか。

돈나 료-리가 오스키데스까?

프랑스 요리를 먹고 싶습니다.

フランス料理が食べたいです。

후랑스 료-리가 타베타이데스

이 근처에 한식당이 있습니까?

この辺りに韓国料理の店がありますか。

코노 아타리니 캉코쿠료-리노 미세가 아리마스까?

길 건너편에 있습니다.

通りのむこうにあります。

토-리노 무코-니 아리마스

저기 보이는 식당이 맛있습니다.

あそこみえる店がおいしいです。

아소코니 미에루 미세가 오이시이데스

102

그 가게에서 불고기도 먹을 수 있습니까?

その店で焼肉も食べられますか。

소노 미세데 야키니쿠모 타베라레마스까?

중국 음식점도 이 호텔 안에 있습니까?

中華料理の店もこのホテルにありますか。

츄-카료-리노 미세모 코노 호테루니 아리마스까?

중국요리라면 요꼬하마의 차이나타운이 최고입니다.

中華料理なら横浜の中華街が最高です。

츄-카료-리나라 요코하마노 츄-카가이가 사이코-데스

너무 비싸지 않은 레스토랑은 없습니까?

あまり高くないレストランはありませんか。

아마리 타카쿠나이 레스토랑와 아리마셍까?

이 근처에 술집은 없습니까?

この近くに居酒屋はありませんか。

코노 치카쿠니 이자카야와 아리마셍까?

간단하게 먹을 수 있는 것은 없습니까?

簡単に食べられるものはありませんか。

칸탄니 타베라레루 모노와 아리마셍까?

꿀 팁 여행 가이드

현지 여행정보를 미리 알아보고 가면 편리하다

일본 식당을 이용할 때 주의할 점

- 식당에 가면 '오시보리'라고 하는 물수건이 비닐봉지에 담겨 있거나 작은 받침 그릇에 놓여 있는데, 이것으로 식사하기 전에 손이나 얼굴을 닦는다.
- 일본 식당에서는 식사할 때 숟가락을 쓰지 않는다. 특히 국은 그릇을 왼손으로 들고, 오른손 젓가락으로 가볍게 저어가며 마신다.
- 대부분 종이로 포장된 나무젓가락을 사용한다. 젓가락은 '하시오키'라고 하는 젓가락 받침대 위에 가로로 놓여 있다.
- 종업원의 도움이 필요할 때는 '스미마셍(실례합니다)'이라는 말로 부른다.
- 일본식 식사의 경우 반찬으로 나오는 노란무, 야채, 생선 등의 양이 적은데, 만일 반찬을 더 시킬 경우 약 200~500엔 정도 추가 요금을 내야 한다.

일본의 음식점 형태

이자카야 - 우리 국민 모두가 어렵던 시절, 동네 어귀에는 반드시라고 해도 좋을 만큼 '대폿집'이라는 간판을 단 선술집을 자주 볼 수 있었다. 한국의 선술집에 걸맞은 일본의 대중주점이 바로 '이자카야(居酒屋, いざかや)'이다.

회전 초밥집 - 국내에서도 쉽게 찾아볼 수 있는 일식집 중의 하나가 바로 회전초밥 집이지만, 회전초밥집의 원조가 바로 일본인만큼 일본에서도 어딜 가나 쉽게 찾아볼 수 있는 것이 가이텐스시(회전초밥) 집이다. 한국이나 일본이나 식당에서 느낄 수 있는 분위기는 비슷하다.

오토오시

일본 술집에서 알아야 할 한가지로 오토시(자릿세)가 있다. 오토시란 히라가나로 적을 때는 오토오시(おとおし)라고 적지만 그냥 읽을때는 오토시라고 읽는다. 손님이 주문한 요리가 나오기 전에 내는 간단한 음식이다. 오토시는 전날 남은 재료들을 다시 간단한 반찬식의 요리 혹은 술안주용으로 만들어 내어주면서 요리값 또는 자릿세로 받기 시작했다고 한다. 인원수에 따라 부과되므로 제법 많은 금액이 청구될 수도 있다.

식당 미리 예약하기

현지에서 많이 일어나는 상황을 미리 익히기

A 予約したいんですが。
요야쿠 시타인데스가

B はい、何名様ですか。
하이, 남메이사마 데스까?

A 三人ですが、窓際の席をお願いします。
산닝데스가, 마도기와노 세키오 오네가이시마스

B はい、わかりました。
하이, 와카리마시타

何時ごろいらっしゃるご予定ですか。
난지고로 이랏샤루 고요테이데스까?

A 午後六時ごろです。
고고 로쿠지고로데스

대화 내용 알아보기

A 예약하고 싶습니다.
B 네, 몇분입니까?
A 세 사람입니다,
　　창가 좌석을 부탁드립니다.
B 네, 알겠습니다.
　　몇 시쯤 오실 예정입니까?
A 오후 6시쯤입니다.

오늘 저녁 7시에 세 사람 예약을 하고 싶습니다.

今晩七時に三人の予約をしたいんですが。

콤방 시치지니 산닌노 요야쿠오 시타인데스가

두 명 예약하고 싶은데요.

二人の予約をお願いします。

후타리노 요야쿠오 오네가이시마스

죄송합니다. 이미 만석입니다.

申し訳ございません。もう満席です。

모-시와케고자이마셍. 모-만세키데스

몇 분이십니까?

何名様ですか。

난메이사마데스까?

세 분이시군요. 성함을 말씀해 주십시오.

三名様ですね。お名前をどうぞ。

산메이사마데스네. 오나마에오 도-조

몇 시쯤이 좋을까요?

何時ごろがよろしいでしょうか。

난지고로가 요로시이데쇼-까?

6시쯤이 좋습니다.

六時ごろがいいですが。

로쿠지고로가 이-데스가

죄송합니다만, 30분 정도 늦겠습니다.

すみませんが、30分ほど遅れます。

스미마셍가, 산줍풍호도 오쿠레마스

그곳까지 어떻게 가면 빠릅니까?

そこまでどう行けば速いですか。

소코마데 도-이케바 하야이데스까?

전철이 가장 빠릅니다.

電車がいちばん速いです。

덴샤가 이치방 하야이데스

예약하지 않고도 식사할 수 있습니까?

予約しなくても食事できますか。

요야쿠 시나쿠테모 쇼쿠지 데키마스까?

자주 쓰이는 단어 익히기

말하기에서 단어만 알아도 50%는 먹고 들어간다는 사실

にほんりょうり
日本料理
니혼 료-리

일본요리

ちゅうかりょうり
中華料理
츄-카 료-리

중국요리

かんこくりょうり
韓国料理
칸코쿠 료-리

한국요리

おすすめメニュー
오스스메 메뉴-

추천 메뉴

レストラン
레스토란

레스토랑

にほんしゅ
日本酒
니혼슈

사케

しょくどう
食堂
쇼쿠도-

식당

まどがわ　せき
窓側の席
마도가와노 세키

창가 좌석

식사 제안을 할 때

현지에서 많이 일어나는 상황을 미리 익히기

A あした、夕食^{ゆうしょく}でもいかがですか。

아시타, 유-쇼쿠데모 이카가데스까?

B それはいいですね。

소레와 이-데스네

おすすめの店^{みせ}に連^つれて行^いってください。

오스스메노 미세니 츠레테 잇테 쿠다사이

A わかりました。あしたはわたしがおごりますよ。

와카리마시타. 아시타와 와타시가 오고리마스요

B はい、では、期待^{きたい}してもいいですね。

하이, 데와, 키타이 시테모 이-데스네

대화 내용 알아보기

A 내일 저녁 식사는 어떻습니까?

B 그거 좋군요.
추천할 만한 식당으로 데려가 주세요.

A 알겠습니다. 내일은 제가 대접할게요.

B 네, 그럼 기대해도 되겠군요.

다양한 표현으로 실력 확장하기

좀 더 여러가지 표현으로 회화의 실력을 UP

김씨, 내일 점심식사 어떻습니까?

金さん、あした昼御飯でもいかがですか。

킴상, 아시타 히루고항데모 이카가데스까?

내일 다른 사람과 약속 있습니까?

あしたほかの人と約束ありますか。

아시타 호카노 히토토 야쿠소쿠 아리마스까?

아니오, 특별히 없습니다.

いいえ、別にありません。

이-에, 베츠니 아리마셍

그럼, 함께 식사라도 하지 않겠어요?

では、一緒に食事でもしませんか。

데와, 잇쇼니 쇼쿠지데모 시마셍까?

점심은 어디서 먹을까요?

昼ご飯はどこで食べましょうか。

히루고항와 도코데 타베마쇼-까?

일본요리를 대접하겠습니다.

日本料理をごちそうしますよ。

니혼료-리오 고치소-시마스요

여행이 더 즐거워지는 일본 요리

타코야키 – 일본을 대표하는 간식으로 한국에
서도 많이 찾아볼 수 있을 정도로 대중화된 음
식으로 밀가루에 문어나 계란과 야채를 넣어서
만든다. 완성된 다코야키 위에 각종 소스와 가
쓰오부시를 얹어서 먹는 맛이 일품이다.

오코노미야키 – 우리나라에서도 쉽게 접할 수
있는 음식이지만 일본 본토에서도 꼭 먹어보자.
오코노미야키는 밀가루 반죽에 새우, 오징어,
돼지고기, 쇠고기 등 여러 가지 재료를 넣고 철
판에서 구워 먹는 일본식 빈대떡으로 겉은 바
삭하고 속은 부드럽다. 위에 가츠오부시와 마요
네즈 소스 등을 뿌려 먹는다.

돈부리 – 원래 돈부리는 밥이나 면을 담아먹는
그릇을 의미하지만, 이제는 돈부리 앞에 밥에
얹어 먹는 재료의 이름을 붙여서 간편하게 먹는
음식으로 널리 알려지게 되었다. 대표적인 음식
으로는 쇠고기를 얹어서 먹는 '규동'과 '우나동'
이 있다.

야키도리 – 일본은 우리나라처럼 쇠고기를 먹
지 않고 닭고기를 즐겨 먹는 나라이다. 야키토
리(焼き鳥)는 닭고기나 가축 내장을 한입 크기
로 잘라 꼬치에 꿰어 숯불에 가볍게 구운 후 소
금을 뿌리거나 간장 소스를 발라 다시 구운 요
리로 술안주로도 일품이다.

꿀 팁 여행 가이드

현지 여행정보를 미리 알아보고 가면 편리하다

라멘(ラーメン) – 우리나라의 라면과 비슷하지만 일본의 라멘은 인스턴트식품이 아니고 중국식 밀가루 국수를 간장이나 된장으로 양념한 국물에 말아서 먹는다. 얇게 저민 돼지고기, 콩나물, 죽순 등을 국물에 곁들여 먹기도 한다.

우동(うどん) – 밀가루로 만든 일본 국수. 간장 국물에 담갔다가 먹거나 얇게 썬 파와 고춧가루를 넣은 뜨거운 국물에 말아 먹는다.

덴푸라(てんぷら) – 해산물이나 야채 등의 재료에 계란을 섞어서 밀가루에 반죽해 식용유에 튀긴 것. 보통 간장에 찍어 먹는다.

소바(そぼ) – 고구마 전분과 계란을 첨가해서 만든 메밀가루로 요리한 국수. 국물을 뜨겁게 해서 먹거나, 차가운 간장 국물에 조금씩 찍어서 먹기도 한다.

야키모노(焼き物) – 석쇠나 철판, 꼬챙이 등에 구운 요리로 종류가 매우 다양하다. 양념 없이 불에 직접 구운 후 양념간장을 곁들이는 시라야키(白焼き), 간장을 발라서 굽는 데리야키(照り焼き), 소금을 뿌려서 굽는 시오야키 등이 있다.

112

식당에서 자리 찾기

현지에서 많이 일어나는 상황을 미리 익히기

A いらっしゃいませ。
이랏샤이마세

B こんばんは。
콤방와

A 予約なさいましたか。
요야쿠나사이마시타카?

B いいえ、予約はしていません。
이-에, 요야쿠와 시테 이마셍

A お一人さまですか。
오히토리사마데스까?

B はい。
하이

대화 내용 알아보기

A 어서 오십시오.
B 안녕하세요.
A 예약하셨습니까?
B 아니오, 예약은 하지 않았습니다.
A 혼자이십니까?
B 네.

어서오십시오. 몇 분이십니까?

いらっしゃいませ、何名様ですか。

이랏샤이마세. 난메이사마데스까?

어제 예약한 김영주입니다.

きのう予約した金英主です。

키노- 요야쿠시타 킴영주데스

자리는 있습니까?

席はありますか。

세키와 아리마스까?

예약은 하지 않았습니다.

予約はしておりませんが。

요야쿠와 시테 오리마셍가

자리가 날 때까지 기다려도 되겠습니까?

席が空くまで待ってもいいですか。

세키가 아쿠마데 맛테모 이-데스까?

어느 정도 기다려야 합니까?

どのくらい待ちますか。

도노쿠라이 마치마스까?

언제쯤 자리가 빌까요?

いつごろ席が空きますか。

이츠고로 세키가 아키마스까?

지금, 아침식사를 할 수 있습니까?

いま、朝食ができますか。

이마, 쵸- 쇼쿠가 데키마스까?

이쪽으로 오십시오. 이 자리입니다.

こちらへどうぞ。この席でございます。

코치라에 도-조. 코노 세키데 고자이마스

저 창가에 앉을 수 있습니까?

あそこの窓際に座れますか。

아소코노 마도기와니 스와레마스까?

이 자리에 앉아도 됩니까?

この席に座ってもいいですか。

코노 세키니 스왓테모 이-데스까?

이쪽 자리는 어떻습니까?

こちらの席はいかがですか。

코치라노 세키와 이카가데스까?

사시미(刺身) - 이카(오징어), 히라메(광어), 타코(문어), 타이(도미) 등을 써서 만든 회요리. 사시미에 쓰는 재료와 요리 방법, 포를 뜨는 방법에 따라서 그 종류가 무진장이다. 특히 일본인들은 마구로(참치) 회를 즐겨 먹는다. 사시미는 간장과 와사비, 야쿠미 등의 양념에 찍어 먹는다.

쓰키다시(付き出し) - 본요리가 나오기 전에 식욕을 촉진 시키기 위해서 제공되는 음식. 계절이나 본요리에 따라서 생선, 미역, 해삼, 달걀 두부, 죽순 두부 등 나오는 음식이 다양하다.

스시(すし) - 일본음식하면 떠오르는 것이 아마도 스시와 사시미일 것이다. 그러나 일본 사람들이 하루 세 끼를 스시와 사시미로 먹지는 않는다. 그러나 스시는 역시 일본을 대표하는 음식의 하나이며 이것을 통해 일본인의 식문화를 생각해 볼 수 있겠다. 스시는 질 좋은 쌀을 다시마 우려낸

물과 미림술(조미료로 사용하는 쌀로 만든술)로 밥을 지어 양질의 식초를 뿌려 윤기를 내고, 소금, 조미료, 설탕 등을 가미하여 만든 후, 신선한 어패류, 계란류, 야채 등을 속에 넣거나 위에 올려서 먹는 요리이다. 스시 소재의 기본은 밥과 식초와 생선이다. 원래는 생선의 보존방법으로서 소금 절임이나 식초 절임이 행하여졌고, 여기에 주식인 밥이 첨가된 것이다.

초밥에 나오는 어류를 알고 가면 주문이 쉬워진다.

한글 명칭	일본어 발음	히라가나	가타가나
참치(다랑어)	마구로	まぐろ	マグロ
도미(돔)	타이	たい	タイ
정어리	이와시	いわし	イワシ
장어	우나기	うなぎ	ウナギ
바다장어	아나고	あなご	アナゴ
가다랑어	가츠오	かつお	カツオ
연어	사케(살몬)	さけ	サケ / サーモン
연어알	이쿠라	いくら	イクラ
농어	스즈키	すずき	スズキ
광어	히라메	ひらめ	ヒラメ
꽁치	산마	さんま	サンマ
고등어	사바	さば	サバ
삼치	사와라	さわら	サワラ
청어	니신	にしん	ニシン
복어	후구	ふぐ	フグ
문어	타코	たこ	タコ
오징어	이카 / 스루메이카	いか / するめいか	イカ / スルメイカ
가리비	호타테가이	ほたてがい	ホタテ
게	카니	かに	カニ
새우	에비	えび	エビ
전복	아와비	あわび	アワビ
성게알	우니	うに	ウニ
굴	카키	かき	カキ

자주 쓰이는 단어 익히기

말하기에서 단어만 알아도 50%는 먹고 들어간다는 사실

ちゅうもん
注文する
츄-몬스루

주문하다

うどん
우동

우동

すし
寿司
스시

스시

さかなりょうり
魚料理
사카나료-리

생선요리

ちゅうしょく
昼食
추-쇼쿠

점심식사

ゆうしょく
夕食
유-쇼쿠

저녁식사

やくそく
約束
야쿠소쿠

약속

けってい
決定する
켓테-스루

결정하다

식당에서 음식 주문하기

현지에서 많이 일어나는 상황을 미리 익히기

A 魚の料理、ありますか。

사카나노 료-리, 아리마스까?

B はい、これです(メニューを渡す)。

하이, 코레데스(메뉴-오 와타스)

A これ、ください。

코레, 쿠다사이

B はい、お飲み物は。

하이, 오노미모노와

A ビール、一本ください。

비-루, 입퐁 쿠다사이

B かしこまりました。

카시코마리마시타

대화 내용 알아보기

A 생선요리 있습니까?

B (메뉴판을 보여주고) 네, 여기에 있습니다.

A 이거 주세요.

B 네. 마실 것은 어떤 걸로 가져다드릴까요?

A 맥주. 1병 주세요.

B 알겠습니다.

다양한 표현으로 실력 확장하기

좀 더 여러가지 표현으로 회화의 실력을 UP

메뉴를 보여 주십시오.

メニューを見せてください。

메뉴오 미세테 쿠다사이

무엇으로 하시겠습니까?

何になさいますか。

나니니 나사이마스까?

빨리 되는 것은 무엇입니까?

すぐ、できるものは何ですか。

스구, 데키루 모노와 난데스까?

무엇이 빨리 됩니까?

何がすぐできますか。

나니가 스구 데키마스까?

이 요리는 됩니까?

この料理はできますか。

코노 료-리와 데키마스까?

죄송합니다만, 오늘은 안됩니다.

すいませんが、今日はできません。

스미마셍가, 쿄-와 데키마셍

이것으로 하겠습니다.

これにします。

코레니 시마스

주문은 결정하셨습니까?

ご注文はお決まりですか。

고츄-몽와 오키마리데스까?

죄송합니다. 아직 결정 못했습니다.

すみません。まだです。

스미마셍. 마다데스

이것은 무엇입니까?

これは何ですか。

코레와 난데스까?

이것은 맛있습니까?

これはおいしいですか。

코레와 오이시-데스까?

어떤 음료가 있습니까?

どんな飲み物がありますか。

돈나 노미모노가 아리마스까?

メニュー

메뉴-

메뉴

---

^{あたら}
新しい

아타라시-

싱싱하다

---

^す
酸っぱい

슷빠이

시다

---

^{あま}
甘い

아마이

달다

---

^{から}
辛い

카라이

매운

---

^{うす}
薄い

우스이

싱겁다

---

^{しおから}
塩辛い

시오카라이

짜다

---

^{まず}
不味い

마즈이

맛없다

식사를 마치고 계산하기

현지에서 많이 일어나는 상황을 미리 익히기

A コーヒーはいかがですか。

코-히-와 이카가데스까?

B いいえ、けっこうです。ごちそうさまでした。

이-에, 켁코-데스. 고치소-사마데시타

A ありがとうございます。

아리가토- 고자이마스

B 会計お願いします。
   <small>かいけい　　　ねが</small>

카이케이 오네가이 시마스

A ありがとうございます。一万三千円です。
   <small>いちまんさんぜんえん</small>

아리가토- 고자이마스. 이치망 산젱엔데스

B はい。ごちそうさまでした。

하이. 고치소- 사마데시타

대화 내용 알아보기

A 커피는 드시겠습니까?
B 아니오, 됐습니다. 잘 먹었습니다.
A 감사합니다.
B 계산해 주세요.
A 감사합니다. 1만 3천 엔입니다.
B 네. 잘 먹었습니다.

다양한 표현으로 실력 확장하기

좀 더 여러가지 표현으로 회화의 실력을 UP

계산을 부탁합니다.

会計お願いします。

카이케이 오네가이시마스

계산을 부탁드립니다.

お勘定をお願いします。

오칸죠- 오네가이시마스

이 카드로 지불할 수 있습니까?

このカードでお願いできますか。

코노 카-도데 오네가이 데키마스까?

네, 카드도 됩니다.

はい、カードでもいいです。

하이, 카-도데모 이-데스

여기에 사인 부탁합니다.

ここにサインお願いします。

코코니 사잉 오네가이시마스

이 금액은 계산이 틀린 것 같습니다.

この金額は計算が違っていませんか。

코노 킹가쿠와 케-산가 치갓테 이마센까

124

패스트푸드점에서 주문하기

현지에서 많이 일어나는 상황을 미리 익히기

A いらっしゃいませ。
이랏샤이마세

B ハンバーガー、ひとつください。
함바-가-, 히토츠 쿠다사이

A 何かお飲み物は。
나니카 오노미모노와

B コーラください。
코-라 쿠다사이

A こちらで召し上がりですか。
코치라데 메시아가리데스까?

B いいえ、持ち帰りにしてください。
이-에, 모치가에리니 시테 쿠다사이

대화 내용 알아보기

A 어서 오십시오.
B 햄버거, 하나 주세요.
A 마실 것은 무엇으로 드릴까요?
B 콜라 주세요.
A 여기에서 드시겠습니까?
B 아니오, 포장해 주세요.

피자와 주스 주세요.

ピザとジュースください。

피자토 쥬-스 쿠다사이

포테이토는 어떻습니까?

ポテトはいかがですか。

포테토와 이카가데스까?

핫도그, 한 개 부탁합니다.

ホットドッグ、ひとつお願いします。

홋토독구, 히토츠 오네가이시마스

케첩과 머스터드소스 주세요.

ケチャップとマスタードソースください。

케찹푸토 마스타-도소-스 쿠다사이

식권을 사오십시오.

食券を買ってきてください。

숏켕오 캇테키테 쿠다사이

포장해 주십시오.

持ち帰りにしてください。

모치가에리니시테 쿠다사이

식당에서 메뉴 추천받기

현현지에서 많이 일어나는 상황을 미리 익히기

A 何を握りましょうか。

나니오 니기리마쇼-까?

B まぐろ、お願いします。

마구로, 오네가이시마스

A これ、いかがですか。

코레, 이카가데스까?

B 何ですか。

난데스까?

A イクラです。

이쿠라데스

B イクラ。だめです。ごめんなさい。

이쿠라. 다메데스. 고멘나사이

대화 내용 알아보기

A 무엇을 만들어 드릴까요?
B 참치(스시) 부탁해요.
A 이건 어떻습니까?
B 뭔데요?
A 이쿠라(연어나 송어의 알을 헤쳐서 소금물에 절인 식품)입니다.
B 이쿠라요? 못먹어요. 죄송합니다.

다양한 표현으로 실력 확장하기

좀 더 여러가지 표현으로 회화의 실력을 UP

아, 맛있군요.

あ、おいしいですね。

아, 오이시-데스네

이거 뭐예요?

これ、何ですか。

코레, 난데스까?

이건, 일본어로 뭐라고 합니까?

これ、日本語で何ですか。

코레, 니홍고데 난데스까?

먹는 방법을 가르쳐 주십시오.

食べ方を教えてください。

타베카타오 오시에테 쿠다사이

자, 드십시오.

どうぞ、おあがりください。

도-조, 오아가리쿠다사이

익었습니다. 드십시오.

煮えました。どうぞおあがりください。

니에마시타. 도-조 오아가리 쿠다사이

128

자주 쓰이는 단어 익히기

말하기에서 단어만 알아도 50%는 먹고 들어간다는 사실

おいしい
오이시-

맛있는

デザート
데자-토

디저트

コーヒー
코-히-

커피

パン
판

빵

ほうそう
包装する
호-소-스루

포장하다

クレジットカード
쿠레짓토카-도

신용카드

けいさん
計算する
케-산스루

계산하다

りょうしゅうしょう
領収証
료-슈-쇼-

영수증

PART 5
쇼핑

SALE

SALE

일본 쇼핑몰 찾아가기

현지에서 많이 일어나는 상황을 미리 익히기

A お土産を買いたいんですが。
오미야게오 카이타인데스가

B どんなものがほしいですか。
돈나 모노가 호시이데스까?

A 日本の伝統的なのが買いたいんですが。
니혼노 덴토-테키나노가 카이타인데스가

B では、民芸品の店がいいですね。
데와, 밍게-힌노 미세가 이-데스네

A 近くにありますか。
치카쿠니 아리마스까?

B あそこに見えるデパートのそばにあります。
아소코니 미에루 데파-토노 소바니 아리마스

대화 내용 알아보기

A 선물을 사고 싶은데요.
B 어떤 것을 찾으십니까?
A 일본의 전통적인 것을 사고 싶습니다.
B 그럼, 민예품 매장이 좋겠군요.
A 근처에 적당한 가게는 있습니까?
B 저기에 보이는 백화점 옆에 있습니다.

상점가를 보고 싶습니다.

商店街を見物したいんですが。
しょうてんがい　けんぶつ

쇼-텡가이오 켐부츠 시타인데스가

좋은 가게를 소개해 주실 수 없습니까?

いい店を紹介してくださいませんか。
みせ　しょうかい

이- 미세오 쇼-카이시테 쿠다사이마셍까?

가장 유명한 백화점은 어디에 있습니까?

一番有名なデパートはどこにありますか。
いちばん　ゆうめい

이치방 유메-나 데파-토와 도코니 아리마스까?

이 근처에 술집은 있습니까?

このあたりに飲み屋はありますか。
の　や

코노 아타리니 노미야와 아리마스까?

근처에 시계를 파는 가게는 있습니까?

近くに時計を売っている店がありますか。
ちか　とけい　う　みせ

치카쿠니 토케-오웃테 이루 미세가 아리마스까?

근처에서 과일을 살 수 있습니까?

近くで果物が買えますか。
ちか　くだもの　か

치카쿠데 쿠다모노가 카에마스까?

면세점이 백화점 안에 있습니까?

免税店はデパートの中にありますか。

멘제-텡와 데파-토노 나카니 아리마스까?

어떤 것으로 할 생각입니까?

どんなものにしますか。

돈나 모노니 시마스까?

물건을 보면서 결정하려고 합니다.

品物を見ながら決めようと思います。

시나모노오 미나가라 키메요-토 오모이마스

어디에 가면 싸게 살 수 있습니까?

どこへ行けば安く買えますか。

도코에 이케바 야스쿠 카에마스까?

저 가게는 다른 가게보다 쌉니다.

あの店はほかの店より安いです。

아노 미세와 호카노 미세요리 야스이데스

백화점에 가면 좋은 물건을 살 수 있어요.

デパートへ行ったら、いい物が買えますよ。

데파-토에 잇타라, 이-모노가 카에마스요

꿀 팁 여행 가이드

현지 여행정보를 미리 알아보고 가면 편리하다

일본에서 쇼핑 노하우

여행에서 쇼핑도 빼놓을 수 없는 즐거움의 하나다. 꼭 필요한 품목은 미리 계획을 세워서 구매해야만 충동구매를 피할 수 있고, 귀국 시 세관에서 통관 절차가 간단하다.

할인점을 이용하라

어느 도시에서나 가장 저렴하게 쇼핑을 하고 싶다면, 그 도시에 사는 주민들에게 직접 물어보는 것이 가장 정확하다. 전자제품도 우리가 흔히 알고 있는 도쿄의 아키하바라보다 아메요코 시장 옆에 있는 다케야가 같은 곳에서 물건을 훨씬 더 저렴한 가격에 구매할 수 있다.

다케야의 경우에는 관광객이나 여행객보다 도쿄의 주민들이 즐겨 찾는 상설할인 매장이라 할 수 있다.

일본 대표적 할인점 돈키호테(ドン・キホーテ)

생필품, 화장품, 의약품, 식품, 성인용품까지 없는 게 없을 정도로 다양한 상품을 취급하는 대형 할인 매장으로 일본을 방문하는 관광객이라면 꼭 들러보는 할인점이다.

관광객들로 인해 매장 재고가 순식간에 동나 인기 제품의 경우 매대가 비어 있는 모습도 쉽게 찾아볼 수 있다.

5,500엔 이상을 구매하면 면세도 가능하니 계획을 잘 세워 쇼핑하도록 하자.

쇼핑몰에서 구경하기

현지에서 많이 일어나는 상황을 미리 익히기

A いらっしゃいませ。何_{なに}をお探_{さが}しですか。

이랏샤이마세. 나니오 오사가시데스까?

B おっとへのお土産_{みやげ}です。

옷토에노 오미야게데스

A これ、いかがですか。

코레, 이카가데스까?

B デザインがちょっと… ほかのを見_みせてください。

데자잉가 춋토… 호카노오 미세테 쿠다사이

A では、これはいかがですか。

데와, 코레와 이카가데스까?

B あ、それはいいですね。

아, 소레와 이-데스네

대화 내용 알아보기

A 어서 오십시오. 무엇을 찾으십니까?
B 남편에게 줄 선물을 사려고 합니다.
A 이건 어떻습니까?
B 디자인이 좀… 다른 것을 보여 주세요.
A 그럼, 이건 어떻습니까?
B 아, 그게 좋겠군요.

다양한 표현으로 실력 확장하기

좀 더 여러가지 표현으로 회화의 실력을 UP

무엇을 드릴까요?

何をさしあげましょうか。

나니오 사시아게마쇼-까?

이것은 어떻습니까?

これはどうですか。

코레와 도-데스까?

그 시계를 보여 주십시오.

その時計を見せてください。

소노 토케-오 미세테 쿠다사이

부디 사양마시고 보십시오.

どうぞご遠慮なくごらんください。

도-조 고엔료-나쿠 고란 쿠다사이

네, 여러 가지 있습니다.

はい、いろいろございます。

하이, 이로이로 고자이마스

잘 어울리십니다.

よくお似合いです。

요쿠 오니아이데스

136

그것은 마음에 들지 않습니다.

それはちょっと。

소레와 춋토

여기에는 없습니다.

うちにはございません。

우치니와 고자이마셍

그것은 화려(수수)합니다.

それは派手(地味)です。

<ruby>派手<rt>はで</rt></ruby> <ruby>地味<rt>じみ</rt></ruby>

소레와 하데(지미)데스

좀 더 밝은 색을 좋아합니다.

もっと明るい色が好きです。

<ruby>明<rt>あか</rt></ruby>るい <ruby>色<rt>いろ</rt></ruby> <ruby>好<rt>す</rt></ruby>き

못토 아카루이 이로가 스키데스

열어 보아도 됩니까?

開けてみてもいいですか。

<ruby>開<rt>あ</rt></ruby>けて

아케테 미테모 이-데스까?

다른 것은 없습니까?

ほかのはありませんか。

호카노와 아리마셍까?

자주 쓰이는 단어 익히기

말하기에서 단어만 알아도 50%는 먹고 들어간다는 사실

おく もの
贈り物
오쿠리모노

선물

わりびき
割引
와리비키

할인

でんとうてき
伝統的な
덴토-테키나

전통적인

う じょう
売り場
우리바

매장

デパート
데파-토

백화점

りゅうこう
流行の
류-코-노

유행하는

めんぜいてん
免税点
멘제-텐

면세점

えいぎょう じかん
営業時間
에-교-지칸

영업시간

138

쇼핑몰에서 물건 사기

현지에서 많이 일어나는 상황을 미리 익히기

A いくらですか。
이쿠라데스까?

B これですか、1万円です。
코레데스까, 이치망엔데스

A もっと安いのはありませんか。
못토 야스이노와 아리마셍까?

B ご予算は。
고요상와

A 5千円ぐらいです。
고셍엔 구라이데스

B これは5千円です。
코레와 고셍엔데스

A じゃ、それ、ください。
자-, 소레, 쿠다사이

대화 내용 알아보기

A 얼마입니까?
B 이겁니까, 만 엔입니다.
A 더 싼 것은 없습니까?
B 예산은 어떻게 됩니까?
A 5천 엔 정도입니다.
B 이건 5천 엔입니다.
A 그럼, 그걸로 주세요.

전부 얼마입니까?

全部でいくらですか。

젬부데 이쿠라데스까?

얼마입니까?

いくらですか。

이쿠라데스까?

세금 포함해서 3천 2백 엔입니다.

税込みで3千2百円です。

제-코미데 산젠 니햐쿠엔데스

더 싼 것을 보여 주십시오.

もっと安いのを見せてください。

못토 야스이노오 미세테 쿠다사이

너무 비쌉니다.

とても高いです。

토테모 타카이데스

좀 깍아 주십시오.

少し負けてください。

스코시 마케테 쿠다사이

정가대로입니다.

定価どおりでございます。

테-카 도-리데 고자이마스

10퍼센트 깎아드리겠습니다.

10パーセントお引きいたします。

주파-센토 오히키이타시마스

어디서 계산하나요?

どこで支払いますか。

도코데 시하라이마스까?

카드도 됩니까?

カードでもいいですか。

카-도데모 이-데스까?

영수증을 주십시오.

領収書ください。

료-슈-쇼 쿠다사이

자주 쓰이는 단어 익히기

말하기에서 단어만 알아도 50%는 먹고 들어간다는 사실

みせ
店
미세

가게

スーパーマーケット

수-파-마-켓토

슈퍼마켓

きねんひん
記念品
키넨힌

기념품

きゃく
お客
오카쿠

손님

しょくいん
職員
쇼쿠인

직원

けいさん
計算
케-산

계산

ほうそう
包装
호-소-

포장

でまえ
出前
데마에

배달

서점·문구점에서 물건 사기

현지에서 많이 일어나는 상황을 미리 익히기

A 便^{びん}せんとボールペンください。

빈센토 보-루펭 쿠다사이

B はい、そちらへどうぞ。

하이, 소치라에 도-조

何^{なに}か他^{ほか}には。

나니카 호카니와

A 絵葉書^{えはがき}ありますか。

에하가키 아리마스까?

B はい、こちらにいろいろあります。

하이, 코치라니 이로이로 아리마스

A これをください。

코레오 쿠다사이

대화 내용 알아보기

A 편지지와 볼펜을 주세요.
B 네, 거기 있습니다.
　　더 필요하신 것은 없으십니까?
A 그림엽서는 있습니까?
B 네, 이쪽에 여러 가지 있습니다.
A 이걸로 주세요.

다양한 표현으로 실력 확장하기

좀 더 여러가지 표현으로 회화의 실력을 UP

동경 지도를 주십시오.

東京の地図ください。

토-쿄-노 치즈 쿠다사이

여행 관련 책은 어디에 있습니까?

旅行関係の本はどこですか。

료코-칸케-노 홍와 도코데스까?

동경의 안내책자를 보여 주십시오.

東京のガイドブックを見せてください。

토-쿄-노 가이도북쿠오 미세테 쿠다사이

그 책은 잘 팔립니까?

その本はよく売れていますか。

소노 홍와 요쿠 우레테 이마스까?

최근의 베스트셀러를 찾고 있습니다.

最近のベストセラーを探しているんですが。

사이킨노 베스토세라-오 사가시테 이룬데스가

일본어 회화에 좋은 책은 없습니까?

日本語会話のいい本はありませんか。

니홍고 카이와노 이- 홍와 아리마셍까?

144

패션 잡지는 어떤 것이 좋습니까?

ファッション雑誌はどれがいいですか。

화숀 잣시와 도레가 이-데스까?

문구 코너는 몇 층입니까?

文房具は何階ですか。

붐보-구와 난카이 데스까?

네, 5층입니다.

はい、五階でございます。

하이, 고카이데 고자이마스

항공편 봉투는 있습니까?

航空便の封筒ありますか。

코-쿠-빈노 후-토- 아리마스까?

볼펜 있습니까?

ボールペンはどこですか。

보-루펭와 도코데스까?

따로따로, 포장해 주십시오.

べつべつに、包んでください。

베츠베츠니, 츠츤데 쿠다사이

145

자주 쓰이는 단어 익히기
말하기에서 단어만 알아도 50%는 먹고 들어간다는 사실

サイズ
사이즈

사이즈

<small>はな</small> 華やかな
하나야카나

화려한

<small>じみ</small> 地味な
지미나

수수한

<small>ちい</small> 小さい
치-사이

작다

<small>おお</small> 大きな
오-키나

크다

<small>がんたん</small> 元旦
간탄

원단

<small>いろ</small> 色
이로

색상

デザイン
데자인

디자인

옷가게에서 구입하기

현지에서 많이 일어나는 상황을 미리 익히기

A いらっしゃいませ。
이랏샤이마세

B ワンピースを見せてください。
완피-스오 미세테 쿠다사이

A はい、こちらへどうぞ。
하이, 코치라에 도-조

B 最新のデザイン、ありますか。
사이신노 데쟈인, 아리마스까?

A はい、これはいかがですか。
하이, 코레와 이카가데스까?

B 着てみてもいいですか。
키테 미테모 이-데스까?

대화 내용 알아보기

A 어서 오십시오.
B 원피스를 보여주세요.
A 네, 이쪽으로 오십시오.
B 신상품은 없습니까?
A 네, 이건 어떻습니까?
B 입어 봐도 될까요?

이 천은 무엇입니까?

この布は何ですか。

코노누노와 난데스까?

이 드레스를 입어보고 싶습니다.

このドレスを試着したいのですが。

코노 도레스오 시챠쿠시타이노데스가

입어보는 곳은 어디입니까?

試着室はどこですか。

시챠쿠시츠와 도코데스까?

너무 작습니다. / 너무 큽니다.

小さすぎます。/ 大きすぎます。

치-사스기마스 / 오-키스기마스

더 큰 것은 없습니까?

もっと大きいのはありませんか。

못토 오-키-노와 아리마셍까?

너무 꼭 낍니다. / 너무 헐렁합니다.

きつすぎます。/ ゆるすぎます。

키츠스기마스 / 유루스기마스

148

이것은 딱 맞습니다.

これはちょうどいいです。

코레와 춋-도 이-데스

사이즈를 잘 모릅니다.

サイズがよくわかりません。

사이즈가 요쿠 와카리마센

이 스웨터는 너무 화려합니다.

このセーターは派手すぎます。

코노 세-타-와 하데스기마스

더 수수한 색의 스웨터는 없습니까?

もっと地味な色のセーターはありませんか。

못토 지미나 이로노 세-타-와 아리마셍까?

어떤 색을 좋아하십니까?

どんな色お好きですか。

돈나 이로가 오스키데스까?

이것은 잘 어울립니까?

これはよく似合いますか。

코레와 요쿠 니아이마스까?

꿀 팁 여행 가이드

현지 여행정보를 미리 알아보고 가면 편리하다

드럭 스토어 Drug store

약 파는 상점이란 뜻이지만 우리나라의 편의점이나 마트 정도로 생각하면 된다.
일본 드럭 스토어는 의약품, 화장품, 생활잡화, 건강식품 등을 판매하고 상점마다
가격 차가 있으니 두세 군데 비교하고 구매한다.

한국에서 인기 있는 일본 드럭 스토어 상품

• 동전 파스 : 동전 크기의 파스로 화한 느낌에 비교해 피부 자극이 적다.

• 아이봉 : 안구 세정제

• 휴족타임 : 발에 붙이는 파스로 피로감을 풀어준다.

• 슬림워크 : 수면 스타킹으로 다리 붓기 완화에 좋다.

• 프리티아 : 머리 염색약(버블 타입으로 머리 감는 것처럼 염색한다)

• 카베진 : 양배추 성분의 위장약

• 퍼펙트 휩 폼 클렌징 : 일본 유명 화장품회사의 얼굴 세정제

※ 사용자에 따라 구매 만족도가 다르니 국내에서 구매해 사용해 보고 쇼핑하면 실패가 없다. 일본
에서 구매하면 조금 더 저렴하다.

구두가게에서 구입하기

현지에서 많이 일어나는 상황을 미리 익히기

A いらっしゃいませ。
이랏샤이마세

B 靴を見いたいんですが。
쿠츠오 미-타인데스가

A どのような靴がよろしいでしょうか。
도노요-나 쿠츠가 요로시이데쇼-까?

B ええ、革の質の軟らかいのがほしいんですが。
에-, 카와노 시츠노 야와라카이노가 호시인데스가

A では、これはいかがですか。
데와, 코레와 이카가데스까?

B はいてもいいですか。ああ、ちょうどいいですね。
하이테모 이-데스까? 아-, 춋-도 이-데스네

대화 내용 알아보기

A 어서 오십시오.
B 구두를 보고 싶은데요.
A 어떤 구두를 보여드릴까요?
B 네, 가죽 질이 부드러운 것을 갖고 싶은데요.
A 그럼, 이건 어떻습니까?
B 신어도 됩니까? 아, 딱 맞군요.

다양한 표현으로 실력 확장하기

좀 더 여러가지 표현으로 회화의 실력을 UP

어떤 색으로 하겠습니까?

どんな色にしますか。

돈나 이로니 시마스까?

모양은 어떤 것이 좋습니까?

形はどんなのがよろしいでしょうか。

카타치와 돈나노가 요로시-데쇼-까?

이건 최근 유행하고 있는 구두입니다.

これは最近流行の靴です。

코레와 사이킹 류-코-노 쿠츠데스

다른 것을 보여 주십시오.

別のを見せてください。

베츠노오 미세테 쿠다사이

사이즈는 얼마입니까?

サイズはいくつですか。

사이즈와 이쿠츠데스까?

다른 사이즈는 없습니까?

ほかのサイズはありませんか。

호카노 사이즈와 아리마셍까?

신어 보아도 됩니까?

はいてみてもいいですか。
하이테 미테모 이-데스까?

좀 더 작은 사이즈는 없습니까?

もっと小さいサイズはありませんか。
못토 치-사이 사이즈와 아리마셍까?

조금 낍니다.

ちょっときついですね。
촛토 키츠이데스네

이것은 너무 헐렁하군요.

これはゆるすぎますね。
코레와 유루스기마스네

구두 끈이 없는 것이 좋겠군요.

靴ひものないのがいいですね。
쿠츠히모노 나이노가 이-데스네

좋은 것 같군요. 딱 맞습니다.

よさそうですね。ぴったりです。
요사소-데스네. 핏타리데스

자주 쓰이는 단어 익히기

말하기에서 단어만 알아도 50%는 먹고 들어간다는 사실

靴
くつ
쿠츠
구두

返品
へんぴん
헨핀
반품

割賦
かっぷ
왓푸
할부

短い
みじか
미지카이
짧다

長い
なが
나가이
길다

上衣
うわぎ
우와기
상의

下衣
かい
카이
하의

脱衣室
だついしつ
다츠이시츠
탈의실

쥬얼리샵에서 구입하기

현지에서 많이 일어나는 상황을 미리 익히기

A いらっしゃいませ。
이랏샤이마세

B 息子のお土産を探しているんですが。
무스코노 오미야게오 사가시테 이룬데스가

A この腕時計はいかがですか。
코노 우데도케이와 이카가데스까?

B もっと明るい色はありませんか。
못토 아카루이 이로와 아리마셍까?

A はい、これはいかがですか。
하이, 코레와 이카가데스까?

B あ、これがいいですね。これにします。
아, 코레가 이-데스네. 코레니 시마스

대화 내용 알아보기

A 어서 오십시오.
B 아들에게 줄 선물을 찾고 있습니다.
A 이 손목시계는 어떻습니까?
B 더 밝은 색은 없습니까?
A 네, 이것은 어떻습니까?
B 아, 이게 좋겠어요. 이걸로 하겠습니다.

아이들 취향의 시계는 없습니까?

子供向けの時計はありませんか。

코도모무케노 토케이와 아리마셍까?

이 시계는 얼마입니까?

この時計はいくらですか。

코노 토케이와 이쿠라데스까?

이것이 적당하군요.

これが手ごろですね。

코레가 테고로데스네

그것은 신상품 시계입니다.

それは新発売の時計です。

소레와 신하츠바이노 토케이데스

이 시계는 견고하고 시간도 정확합니다.

この時計は丈夫で時間も正確です。

코노 토케이와 죠-부데 지캉모 세이카쿠데스

이것은 3년간 보장됩니다.

これは3年間保証付です。

코레와 산넨캉 호쇼-츠키데스

156

카메라 구입하기

현지에서 많이 일어나는 상황을 미리 익히기

A カメラを買いたいんですが。

카메라오 카이타인데스가

B どんなカメラがよろしんですか。

돈나 카메라가 요로시인데스까?

A わたしはカメラに弱いので、

와타시와 카메라니 요와이노데,

シャッターを押すだけのカメラがいいです。

샷타-오 오스다케노 카메라가 이-데스

B では、これはいかがですか。

데와, 코레와 이카가데스까?

A ああ、いいですね。それにしましょう。

아-, 이-데스네. 소레니시마쇼-

대화 내용 알아보기

A 카메라를 사고 싶은데요.
B 어떤 카메라가 좋겠습니까?
A 저는 카메라 다루는데 초보라,
 셔터를 누르기만 해도 되는
 카메라가 좋겠습니다.
B 그럼, 이건 어떻습니까?
A 아, 좋네요. 그걸로 합시다.

다양한 표현으로 실력 확장하기

좀 더 여러가지 표현으로 회화의 실력을 UP

카메라를 사고 싶습니다.

カメラを買いたいんですが。

카메라오 카이타인데스가

조작이 간단한 것을 갖고 싶습니다.

操作が簡単なのがほしいんですが。

소-사가 칸탄나노가 호시인데스가

셔터를 누르는 것만으로 되는 카메라가 좋습니다.

シャッターを押すだけのがいいです。

샷타-오 오스다케노가 이-데스

망원렌즈를 보여주지 않겠습니까?

望遠レンズを見せてくださいませんか。

보-엔렌즈오 미세테 쿠다사이마셍까?

이것은 오토 줌 카메라입니다.

これはオートズーム・カメラです。

코레와 오-토즈-무 카메라데스

36판 컬러 필름 한 통 주세요.

36枚撮りのカラーフィルム一本ください。

산쥬-로쿠마이 도리노 카라-휘루무 입퐁 쿠다사이

158

필름 현상과 프린트를 부탁합니다.

フィルム現象とプリントお願いします。

휘루무노 겐조-토 프린토 오네가이시마스

프린트는 보통 사이즈로 부탁합니다.

プリントは普通サイズでお願いします。

프린토와 후츠- 사이즈데 오네가이시마스

이것을 확대해 주십시오.

これを引き伸ばしてください。

코레오 히키노바시테 쿠다사이

사진은 언제 됩니까?

写真はいつ出来ますか。

샤싱와 이츠데키마스까?

카메라를 물 속에 빠트렸습니다.

カメラを水の中に落としてしまいました。

카메라오 미즈노 나카니 오토시테 시마이마시타

전지를 교환해 주세요.

電池を交換してください。

덴치오 코-캉시테 쿠다사이

꿀 팁 여행 가이드

현지 여행정보를 미리 알아보고 가면 편리하다

마니아 쇼핑의 천국 일본

만다라케

일본 만화와 애니메이션 마니아라면 꼭 들러
봐야 할 곳이다. 만화 헌책방이지만 애니메이
션과 관련된 모든 것과 DVD, CD, 코스프레 의
상과 액세서리, 장난감과 피규어 등을 갖추고
있다. 매장 구석구석 잘 살펴보면 일반 서점에
서 절판되어 구하기 힘든 책을 발견하는 행운

도 얻을 수 있고 헌책방이지만 최신작도 갖추고 있다. 삿포로, 나고야, 시부야, 후쿠
오카 등에 있고 한글 홈페이지도 운영 중이다.

아키하바라

도쿄의 아키하바라는 세계 최대의 전자제품 거리로 이름 높았던 곳으로 지금은 일
본산 게임, 애니메이션, 만화의 메카로 일명 '오타쿠 문화'의 발원지가 되었다. 큰길
을 따라 늘어선 대형 백화점과 골목을 가득 메운 중고 책방, 코스프레 숍, 메이드 카
페 등을 방문하기 위해 연간 수백만 명의 여행객이 아키하바라를 찾는다. 예전만큼
은 아니지만, 여전히 전자제품의 명소로 자리매김하고 있어 컴퓨터 부품, 오디오 관
련 부품, 각종 부자재 등은 일본 전역에서 따라올 곳이 없다.

도쿄 이토야

문구 마니아라면 반드시 방문해야 할 명소로는 도쿄 긴자의 이토야가 있다. 약 120
년의 역사를 자랑하는 긴자 이토야는 문구류를 전문으로 취급하는 12층의 건물로,
진정한 '문구 백화점'이라 불린다. 1904년 문을 연 이후로 꾸준히 새로운 가치와 아
이디어를 제공하며 일본 문구 산업의 선두주자로 자리매김하고 있다. 층마다 다른
테마로 꾸며져 있어 원하는 물품을 쉽고 다양하게 선택할 수 있을 뿐만 아니라 문
구에 관심이 없던 사람도 문구에 관한 관심을 끌어 올 수 있을 정도로 매력적인 곳
이니 한번 방문해 보길 권한다.

화장품 구입하기

현지에서 많이 일어나는 상황을 미리 익히기

A 妻へのお土産を買いたいんですが。

츠마에노 오미야게오 카이타인데스가

どんなのがいいでしょうか。

돈나노가 이-데쇼-까?

B 香水がいいんじゃありませんか。

코-스이가 이인쟈 아리마셍까?

A 香水はもう免税店で買いました。

코-스이와 모-멘제-텐데 카이마시타

B では、新発売の口紅がいいですね。

데와, 신하츠바이노 쿠치베니가 이-데스네

これは。いかがですか。

코레와, 이카가데스까?

A いいですね。じゃ、この赤の口紅ください。

이-데스네. 자- 코노아카노 쿠치베니 쿠다사이

대화 내용 알아보기

A 아내에게 줄 선물을 사고 싶은데
어떤 것이 좋을까요?

B 향수가 좋지 않겠습니까?

A 향수는 벌써 면세점에서 샀습니다.

B 그럼, 신제품인 립스틱이 좋겠군요.
이건 어떻습니까?

A 좋군요. 빨간색 립스틱을 주세요.

화장품은 면세점에서 사면 쌉니다.

化粧品は免税店が安いです。

케쇼-힝와 멘제-텡가 야스이데스

아이라이너를 보여 주십시오.

アイライナーを見せてください。

아이라이나-오 미세테 쿠다사이

새로 나온 아이섀도는 없습니까?

新発売のアイシャドーはありませんか。

신하츠바이노 아이샤도-와 아리마셍까?

매니큐어 리무버를 보여 주십시오.

マニキュアリムーバーを見せてください。

마니큐아 리무-바-오 미세테 쿠다사이

향수의 향기가 그다지 좋지 않네요.

香水の香りがあまりよくありませんね。

코-스이노 카오리가 아마리 요쿠 아리마셍네

뚜껑을 열어 보아도 됩니까?

ふたを開けてもいいですか。

후타오 아케테모 이-데스까?

162

전자제품 구입하기

현지에서 많이 일어나는 상황을 미리 익히기

A これはいかがですか。

코레와 이카가데스까?

B あ、電気かみそりですね。

아, 뎅키카미소리데스네

A これは、操作も簡単で、使いやすいです。

코레와, 소-사모 칸탄데, 츠카이야스이데스

B 値段はいくらですか。

네당와 이쿠라데스까?

A 税込みで1万5千円です。

제-코미데 이치망 고셍엔데스

B 高いですね。少し負けてください。

타카이데스네. 스코시 마케테 쿠다사이

대화 내용 알아보기

A 이건 어떻습니까?

B 아, 전기면도기이군요.

A 이건 조작도 간단하고 사용하기 편합니다.

B 가격은 어떻게 됩니까?

A 세금을 포함해서 1만 5천 엔입니다.

B 너무 비싸군요. 조금 깎아 주세요.

전자제품은 이 가게가 쌉니다.

電子製品はこの店が安いです。

덴시세-힝와 코노 미세가 야스이데스

컴퓨터를 보고 싶습니다.

パソコンを見たいんですが。

파소콘오 미타인데스가

이 단파 라디오는 한국에서도 사용할 수 있습니까?

この短波ラジオは韓国でも使えますか。

코노 탐파 라지오와 캉코쿠데모 츠카에마스까?

어학용 MP3를 갖고 싶습니다.

語学用のMP3がほしいんですが。

고가쿠요-노 에무피-스리-가 호시인데스가

좀 보고 있습니다.

ちょっと見ているだけです。

촛토 미테이루 다케데스

세관에서 문제가 될 일은 없겠지요.

税関で問題になりませんか。

제-캉데 몬다이니 나리마센카

일본 특산물 구입하기

현지에서 많이 일어나는 상황을 미리 익히기

A 韓国へのお土産を探しているんですが。

캉코쿠에노 오미야게오 사가시테이룬데스가

B 人形などはいかがですか。

닝교-나도와 이카가데스까?

代表的な日本のお土産です。

다이효-테키나 니혼노 오미야게데스

A この木彫りの人形はいくらですか。

코노 키보리노 닝교-와 이쿠라데스까?

B 3千円です。

산젱엔데스

A では、これにします。

데와, 코레니 시마스

대화 내용 알아보기

A 한국에 가지고 갈 선물을 찾고 있는데요.
B 인형은 어떻습니까?
대표적인 일본의 선물입니다.
A 이 나무조각 인형은 얼마입니까?
B 3천 엔입니다.
A 그럼, 이걸로 하겠습니다.

다양한 표현으로 실력 확장하기

좀 더 여러가지 표현으로 회화의 실력을 UP

일본의 대표적인 민예품을 갖고 싶습니다.

日本の代表的な民芸品がほしいんですが。

니혼노 다이효-테키나 밍게-힝가 호시인데스가

장난감을 사고 싶습니다.

おもちゃを買いたいんですが。

오모챠오 카이타인데스가

이것은 무엇으로 만들어진 것입니까?

これはなにでできていますか。

코레와 나니데 데키테 이마스까?

이 목각인형은 얼마입니까?

この木彫りの人形はいくらですか。

코노 키보리노 닝교-와 이쿠라데스까?

이것이 좋을 것 같군요. 이것을 사겠습니다.

これがよさそうですね。これにします。

코레가 요사소-데스네. 코레니시마스

포장해 드릴까요?

お包みいたしましょうか。

오츠츠미 이타시마쇼-까?

166

쇼핑몰에서 코너 찾아가기

현지에서 많이 일어나는 상황을 미리 익히기

A すみません。婦人服売場はどこですか。

스미마셍. 후징후쿠 우리바와 도코데스까?

B 3階です。

상가이데스

A エスカレーターはどこですか。

에스카레-타-와 도코데스까?

B この通路の一番奥にあります。

코노 츠-로노 이치방 오쿠니 아리마스

A どうもありがとうございます。

도-모 아리가토- 고자이마스

A 미안합니다. 여성복 매장은 어디입니까?
B 3층입니다.
A 에스컬레이터는 어디입니까?
B 이 통로의 가장 안쪽에 있습니다.
A 대단히 감사합니다.

다양한 표현으로 실력 확장하기

좀 더 여러가지 표현으로 회화의 실력을 UP

매장 안내소는 어디입니까?

売場案内所はどこですか。

우리바 안나이쇼와 도코데스까?

남성용 매장은 어디입니까?

紳士用売場はどこですか。

신시요- 우리바와 도코데스까?

화장품 매장은 몇 층입니까?

化粧品売場は何階ですか。

케쇼-힝 우리바와 난가이데스까?

엘리베이터는 어디에 있습니까?

エレベーターはどこですか。

에레베-타-와 도코데스까?

바겐세일을 하고 있습니까?

バーゲンセールをしていますか。

바-겐세-루오 시테이마스까?

실례합니다. 화장실은 어디입니까?

すみません。トイレはどこですか。

스미마셍. 토이레와 도코데스까?

백화점은 몇시까지 합니까?

デパートは何時<ruby>何時<rt>なんじ</rt></ruby>までですか。

데파-토와 난지마데데스까?

이 백화점은 몇 시부터입니까?

このデパートは何時<ruby>何時<rt>なんじ</rt></ruby>からですか。

코노 데파-토와 난지카라데스까?

오늘은 휴일입니다.

今日<ruby>今日<rt>きょう</rt></ruby>は休<ruby>休<rt>やす</rt></ruby>みです。

쿄-와 야스미데스

휴게실은 어디에 있습니까?

休憩室<ruby>休憩室<rt>きゅうけいしつ</rt></ruby>はどこですか。

큐-케-시츠와 도코데스까?

○○매장은 3층입니다.

○○売場<ruby>売場<rt>うりば</rt></ruby>は三階<ruby>三階<rt>さんがい</rt></ruby>でございます。

○○우리바와 상가이데 고자이마스

이것을 호텔로 배달해주십시오.

これをホテルに届<ruby>届<rt>とど</rt></ruby>けてください。

코레오 호테루니 토도케테 쿠다사이

PART 6
관광

관광안내소에서 물어보기

현지에서 많이 일어나는 상황을 미리 익히기

A 山田さん、お願いがあるんですが。
야마다상, 오네가이가 아룬데스가

B ええ、金さん何ですか。
에-, 킴상 난데스까?

A 銀座を案内してくださいませんか。
긴자오 안나이시테 쿠다사이마셍까?

B ええ、よろこんで。
에-, 요로콘데

A 銀座はなにで有名ですか。
긴자와 나니데 유-메이 데스까?

B 高級な買物の街として有名です。
코-큐-나 카이모노노 마치토시테 유-메이데스

대화 내용 알아보기

A 야마다 씨, 부탁이 있는데요.
B 예, 김씨 뭡니까?
A 긴자를 안내해 주시지 않겠어요?
B 예, 기꺼이.
A 긴자는 무엇으로 유명합니까?
B 고급 쇼핑가로써 유명합니다.

다양한 표현으로 실력 확장하기

좀 더 여러가지 표현으로 회화의 실력을 UP

이 도시의 안내서는 있습니까?

この町のガイドブックありますか。

코노 마치노 가이도북쿠 아리마스까?

이 도시의 명소를 구경하고 싶습니다.

この町の名所を見物したいんですが。

코노 미치노 메이쇼오 켐부츠 시타인데스가

이 도시의 관광안내 지도를 받을 수 있습니까?

この町のガイドブックくださいませんか。

코노 마치노 가이도북쿠 쿠다사이 마셍까?

재미있는 곳이 있습니까?

おもしろいところありますか。

오모시로이 토코로 아리마스까?

어디를 보고 싶으십니까?

どこをご覧になりたいですか。

도코오 고란니 나리타이데스까?

안내할까요?

ご案内いたしましょうか。

고안나이 이타시마쇼-까?

172

안내해 주실 수 없습니까?

案内してくださいませんか。

안나이시테 쿠다사이마셍까?

영어로 안내하겠습니다.

英語でご案内いたします。

에이고데 고안나이 이타시마스

야마다 씨와 함께 구경하고 싶습니다.

山田さんと一緒に見物したいんですが。

야마다상토 잇쇼-니 켐부츠 시타인데스가

이 도시의 번화가를 구경하고 싶습니다.

この町の繁華街を見物したいんですが。

코노 마치노 향카가이오 켐부츠 시타인데스가

안내인이 아침 9시에 마중가겠습니다.

ガイドが朝9時にお迎えにまいります。

가이도가 아사 쿠지니 오무카에니 마이리마스

안내할 사람이 있습니까?

案内する人がいますか。

안나이스루 히토가 이마스까?

꿀 팁 여행 가이드

현지 여행정보를 미리 알아보고 가면 편리하다

일본의 대표적인 축제

도쿄의 간다 마츠리

일본의 수도 도쿄에서 열리는 간다 마츠리는 매년 5월 15일과 가장 가까운 주말 동안 열리는 축제로 에도 시대에 벌어진 세키가하라 전투의 승리를 기념하기 위해 열린 축제에서 유래했다. 이 마츠리는 서민들의 마츠리로 인기가 높고 가마 행진이 간다 마츠리의 백미라고 할 수 있다. 300여 명의 사람이 가마를 지고 도쿄 중심부를 가로질러 행진하는데 이 가마 행진은 홀수 년에만 한다고 하니 방문 시 참고하기 바란다.

오사카의 텐진 마츠리

7월 24~25일 이틀간 텐만구(天滿宮)에서 행해지 는 오사카의 대표적인 여름 축제이다. 텐만구는 10세기 중엽 스가와라노미치자네(管原道眞)의 영을 진정시키려는 생각에서 텐진마츠리를 시작 했는데, 후에 염병을 쫓는 축제로 변했다. 25일에 는 이 축제의 하이라이트인 가와도교(川渡御)가

행해진다. 무사들과 함께 행렬을 지어 신전을 출발, 배를 타고 도시마가와를 건넌다. 이 행렬은 백여 척의 동반선이 따르는 수상제(水上祭)가 된다.

교토의 기온 마츠리

야사카(八坂)신사의 제례로 9세기 말 전염병 퇴치를 위해 6m 정도의 창을 수십 개 세 워서 기원한 것이 그 시초라 한다. 인도에서 전해 내려온 우두(牛頭)천왕을 제신으로 하며, 2층으로 된 수레에 많은 사람을 태우고 테마음악인 기온 가락이 연주되는 가운 데 행진하는 도시형의 여름 축제로 전 일본 제례에 일대 영향을 끼쳤다. 9세기부터 지 금까지 1천 년 이상의 역사를 자랑한다. 7월 1일부터 약 한 달 내내 진행되는데 일본의 중요 무형 문화재로도 지정되어 매년 많은 관광객이 찾아온다.

일본 시내 관광하기

현지에서 많이 일어나는 상황을 미리 익히기

A 市内ツアーありますか。
しない
시나이 츠아- 아리마스까?

B どんなツアーでしょうか。
돈나 츠아-데쇼-까?

A 東京を一回りしたいんですが。
とうきょう   ひとまわ
토-쿄-오 히토마와리 시타인데스가

どんなコースがありますか。
돈나 코-스가 아리마스까?

B 午前と午後と一日のコースがございます。
ごぜん   ごご   いちにち
고젠토 고고토 이치니치노 코-스가 고자이마스

A では、一日コースを予約してください。
いちにち   よやく
데와, 이치니치 코-스오 요야쿠시테 쿠다사이

대화 내용 알아보기

A 시내관광은 있습니까?
B 어떤 시내관광을 원하십니까?
A 도쿄를 한 바퀴 돌고 싶습니다.
어떤 코스가 있습니까?
B 오전과 오후와 하루 코스가 있습니다.
A 그럼, 하루 코스를 예약해 주세요.

관광버스는 어디에서 탈 수 있습니까?

観光バスはどこで乗りますか。

캉코- 바스와 도코데 노리마스까?

도쿄와 신쥬쿠에서 탑니다.

東京と新宿で乗ります。

토-쿄-토 신쥬쿠데 노리마스

시내관광버스는 어디를 돕니까?

はとバスはどこを回りますか。

하토바스와 도코오 마와리마스까?

도쿄를 한 바퀴 돌고 싶습니다.

東京を一回りしたいんですが。

토-쿄-오 히토마와리 시타인데스가

시내관광 버스를 타면 도쿄 구경은 안심할 수 있습니다.

はとバスに乗ると東京見物が安心してできます。

하토바스니 노루토 토-쿄-켐부츠가 안신시테 데키마스

몇 시에 돌아옵니까?

何時に帰りますか。

난지니 카에리마스까?

176

몇 시간 걸립니까?

何時間かかりますか。

난지캉 카카리마스까?

안내인은 어떤 말로 안내해 줍니까?

ガイドさんは何語で案内しますか。

가이도상와 나니고데 안나이시마스까?

영어로 안내합니다.

英語でご案内いたします。

에이고데 고안나이 이타시마스

여기서 1시간 정차하겠습니다.

ここで1時間停車いたします。

코코데 이치지캉 테이샤이타시마스

오후 3시까지 승차하십시오.

午後3時までにお乗りください。

고고 산지마데니 오노리 쿠다사이

꿀 팁 여행 가이드

현지 여행정보를 미리 알아보고 가면 편리하다

일본 지브리 미술관

일본의 유명한 애니메이션 스튜디오 지
브리의 작품들을 전시한 미술관으로,
일본의 도쿄에 위치하며 애니메이션
팬들에게는 꼭 방문해야 할 가치가 충
분한 곳이다. 지브리의 대표작인 '센과
치히로의 행방불명', '마녀 배달부 키
키', '포세이돈' 등의 작품들을 감상할
수 있고 애니메이션 제작 과정을 배울
수 있는 워크숍도 진행되어 스튜디오
지브리의 작품들에 대한 이해를 높일

수 있을 뿐만 아니라, 그들의 창의적인 세계에 몰입할 기회를 제공한다.
스튜디오 지브리의 캐릭터들과 함께 사진을 찍을 수 있는 많은 포토존도 마련되어 있
어 애니메이션 팬들에게는 꿈같은 여행지이다. 지브리 미술관 근처에는 도쿄 디즈니
랜드와 오다이바 해변 등 다른 관광 명소들도 있어, 함께 탐방하기에 좋다.

예약 방법 – 입장권은 사전 예약으로 진행되는데 매달 10일 10시 공식 홈페이지에서
다음 달 매표를 진행한다. 예약이 쉬운 편은 아니니 미리 예약 방법을 숙지하고 원하
는 날짜 및 시간대를 정하여 접속하는 것이 좋다.
정해진 날짜, 시간에만 입장할 수 있고 시간이 늦으면 입장이 제한 될 수 있으니 시간
을 잘 지키도록 하자.

가는 방법 – JR 주오선 게이오 이노카시라선 '키치죠역' 공원 입구(남쪽 출구)에서
도보 14분 걸린다.

일본명소 관광하기

현지에서 많이 일어나는 상황을 미리 익히기

A これが東京タワーです。

코레가 토-쿄- 타와-데스

B 高さはどのぐらいですか。

타카사와 도노구라이데스까?

A 約250メートです。

야쿠 니햐쿠고쥬-메-토데스

展望台までのぼってみませんか。

템보-다이마데 노봇테 미마셍까?

B わあ、あーいいですね。

와-, 아-이-데스네

대화 내용 알아보기

A 이것이 도쿄 타워입니다.

B 높이는 얼마입니까?

A 약 250미터입니다.
전망대까지 올라가보지 않겠습니까?

B 와-, 좋네요.

다양한 표현으로 실력 확장하기

좀 더 여러가지 표현으로 회화의 실력을 UP

절에 가고 싶습니다.

お寺へ行きたいんですが。

오테라에 이키타인데스가

이 절이 일본에서 가장 오래되었습니다.

このお寺が日本で一番古いです。

코노 오테라가 니혼데 이치방 후루이데스

단풍이 유명한 곳은 어디입니까?

もみじで有名なところはどこですか。

모미지데 유-메이나 토코로와 도코데스까?

동경 근교에서는 어디가 유명합니까?

東京の近くではどこが有名ですか。

토-쿄-노 치카쿠데와 도코가 유-메이 데스까?

하꼬네와 닛꼬입니다.

箱根と日光です。

하코네토 닛코-데스

이런 탑은 한국에도 있어요.

こんな塔は韓国にもありますよ。

콘나 토-와 캉코쿠니모 아리마스요

180

넓고 깨끗한 공원이군요.

広くてきれいな公園ですね。

히로쿠테 키레이나 코-엔데스네

김씨, 후지산에 오를까요?

金さん、富士山に登りましょうか。

킴상, 후지산니 노보리마쇼-까?

꽤 오래됐군요.

ずいぶん古いですね。

즈이붕 후루이데스네

와, 훌륭한 건물이군요.

わあ、立派な建物ですね。

와-, 립파나 타테모노데스네

이 성은 오래됐습니까?

このお城は古いんですか。

코노 오시로와 후루인데스까?

도쿄에서 가장 높은 빌딩은 무엇입니까?

東京で一番高いビルは何ですか。

토-쿄-데 이치방 타카이 비루와 난데스까?

후쿠오카 - 규슈에서 가장 큰 도시로 한국과 가장 가깝기 때문에 많은 관광객들이 몰리는 곳. 대표적인 볼거리로는 후쿠오카 타워, 야후돔, 오오호리공원, 캐널시티, 텐진, 나카스이며, 후쿠오카시에서 약간 떨어진 곳에 있는 다자이후텐만구나 야나가와 등도 많은 관광객들이 방문하는 곳이다.

하우스텐보스 - 일본에 있는 유럽이라는 이름을 가진 곳으로 네덜란드를 그대로 꾸며 놓은 곳이다. 하루 종일을 소비해야 할 정도로 많은 볼거리와 즐길 거리가 있다.

나가사키 - 일본에서 두 번째로 원자폭탄이 떨어진 도시인 민큼 원폭에 대한 자료가 많다. 원폭 자료실, 평화의 공원 등이 있으며, 일본 3대 중화거리도 있다. 또한 유일하게 일본에서 외국 문물을 받아들인 장소이기 때문에 천주교와 관련된 성당, 유적지도 많이 있다. 또한 나가사키는 항구가 접해 있기 때문에 야경으로도 유명하다.

구마모토 - 임진왜란 덕분에 구마모토 성이 유명해졌다. 구마모토는 구마모토 성과 스이젠지 공원이 가장 유명하며, 규슈의 중심부에 위치해 있기 때문에 위로는 후쿠오카, 왼쪽으로는 나가사키, 오른쪽으로는 오이타, 아래로는 카고시마로 가는 교통의 중심부로 통한다.

쿠로카와 온천 - 2007년 일본 온천 1위를 할 정도로 가장 일본식 온천다운 곳이다. 주변에 아무것도 없이 온천 료칸들밖에 없는 산골짜기에 위치한 온천이기 때문에 온천 말고는 즐길 것이 없고 다른 온천에 비하여 약간 비싸다.

아소 - 일본 전국에서도 유명한 휴화산인 아소
화산은 화산 분화구를 직접 볼 수 있는 관광지
로 유명하다. 단, 날씨가 안좋거나, 너무 좋아서
황 가스가 많은 날은 분화구까지 올라갈 수 없
는 일도 있다. 일본 침몰이라는 영화에 일본
수상이 타고 가는 비행기가 아소 화산이 분화
하는 바람에 추락하는 장면이 있을 정도로, 전국적으로 유명한 곳이다.

야마시타 공원 - 바닷가와 인접한 공원으로 야경이 제일로 손꼽히는 곳이다. 실제 요
코하마에서 미국까지 운항하던 옛날 배를 개조하여 박물관처럼 꾸며놓기도 하였다.
그곳에서 가끔 연주회와 이벤트 등을 하는 곳으로 알려져 있으며 지금도 운항을 하고
있다.

벳푸 온천 - 2007년 일본 온천 7위인 벳푸는
한국 사람들에게 가장 잘 알려져 있는 곳이다.
특히 벳푸 지옥온천 순례가 그 대표적인 것이
다.

유니버설 스튜디오 재팬 - 아시아 최초의 유니
버설 스튜디오인 오사카 유니버설 스튜디오
재팬(USJ)은 디즈니랜드와 쌍벽을 이루는 세
계적인 테마파크다. 거장 스티븐 스필버그 감
독이 고문을 맡아 할리우드의 유명 영화들을
테마로 제작한 어트랙션과 쇼들은 짜릿하고
흥미진진한 볼거리로 인기가 높다. 어른도 아
이가 되는 환상의 나라에서 신나는 하루를 즐겨보도록 하자.

자주 쓰이는 단어 익히기

말하기에서 단어만 알아도 50%는 먹고 들어간다는 사실

かんこうちず
観光地図
칸코-치즈

관광지도

かんこうめいしょ
観光名所
칸코-메-쇼

관광명소

かんこうあんない
観光案内
칸코-안나이

관광안내

はんかがい
繁華街
한카가이

번화가

まつ
お祭り
오츠마리

축제, 제례

こうえん
公園
코-엔

공원

かんこう
観光コース
칸코-코-스

관광코스

しないかんこう
市内観光
시나이칸코-

시내관광

박물관 · 미술관 관람하기

현지에서 많이 일어나는 상황을 미리 익히기

A 金英主さん、絵を見に行きませんか。

킴영주상, 에오 미니 이키마셍까?

B どんな展示会ですか。

돈나 텐지카이 데스까?

A わたしの友達が個展をやっています。

와타시노 토모다치가 코텡오 얏테이마스

B どこでやっていますか。

도코데 얏테이마스까?

A 上野美術館です。

우에노 비쥬츠캉데스

B では、一緒に行きましょう。

데와, 잇쇼니 이키마쇼-

대화 내용 알아보기

A 김영주씨, 그림을 보러 가지 않겠습니까?

B 어떤 전시회입니까?

A 제 친구가 개인전을 하고 있습니다.

B 어디서 하고 있습니까?

A 우에노 미술관입니다.

B 그럼, 함께 갑시다.

다양한 표현으로 실력 확장하기

좀 더 여러가지 표현으로 회화의 실력을 UP

입장료는 얼마입니까?

入場料はいくらですか。
<ruby>入場料<rt>にゅうじょうりょう</rt></ruby>はいくらですか。

뉴-죠-료-와 이쿠라데스까?

팜플렛은 있습니까?

パンフレットありますか。

팜후렛토 아리마스까?

관내에서 사진을 찍어도 됩니까?

<ruby>館内<rt>かんない</rt></ruby>で<ruby>写真<rt>しゃしん</rt></ruby><ruby>撮<rt>と</rt></ruby>ってもいいですか。

칸나이데 사싱 톳테모 이-데스까?

미술관은 몇 시에 폐관합니까?

<ruby>美術館<rt>びじゅつかん</rt></ruby>は<ruby>何時<rt>なんじ</rt></ruby>に<ruby>閉館<rt>へいかん</rt></ruby>しますか。

비쥬츠캉와 난지니 헤이캉시마스까?

고대미술의 방은 어디입니까?

<ruby>古代美術<rt>こだいびじゅつ</rt></ruby>の<ruby>部屋<rt>へや</rt></ruby>はどこですか。

코다이비쥬츠노 헤야와 도코데스까?

상설전시장은 어디입니까?

<ruby>常設展示場<rt>じょうせつてんじじょう</rt></ruby>はどこですか。

죠-세츠텐지죠-와 도코데스까?

가장 유명한 작품은 어떤 것입니까?

一番有名な作品はどれですか。

이치방 유-메이나 사쿠힝와 도레데스까?

기념품 가게는 어딥니까?

記念品の店はどこですか。

키넹힝노 미세와 도코데스까?

박물관에는 어떻게 갑니까?

博物館へはどう行きますか。

하쿠부츠캉에와 도-이키마스까?

매표소는 어디에 있습니까?

切符売場はどこですか。

킵푸우리바와 도코데스까?

어른 2장과 어린이 1장 주세요.

大人2枚と子供1枚ください。

오토나 니마이토 코도모 이치마이 쿠다사이

관내에서는 조용히 해주십시오.

館内では静かにしてください。

칸나이데와 시즈카니 시테쿠다사이

꿀 팁 여행 가이드

현지 여행정보를 미리 알아보고 가면 편리하다

삿포로 맥주 박물관

삿포로 맥주의 탄생과 발전을 보여주는 박물
관으로 삿포로역에서 버스로 10분 정도 소요
되기 때문에 부담 없이 다녀올 수 있다. 공장
으로 사용했다는 것이 믿기지 않을 만큼 아
름다울 뿐만 아니라 내부도 잘 꾸며져 있어
이국적인 박물관 느낌이다. 시음장도 갖춰져
있어 맥주 마니아라면 꼭 들러야 할 필수 코

스로 블랙라벨과 클래식, 카이타쿠시(개척자)등 세 가지 맛을 비교해 볼 수 있다.

세계 최초의 요코하마 라멘박물관

1994년 개관한 요코하마 라멘박물관은 세계 최초의 라멘 전문 박물관으로 다양한
라멘의 역사와 문화 그리고 맛을 체험할 수 있는 매력적인 곳이다. 요코하마를 방문하
는 많은 여행객들에게 인기 있는 관광 명소이다.
일본 각지에서 마을을 자랑하는 라멘 전문가들이 모여 라멘을 직접 판매하고 있어 각
지방마다 특색 있는 라면을 맛볼 수 있다.

스페이스 월드

일본 규슈 후쿠오카헌 기타큐슈에 우주 박물관으로 지구에서 느낄 수 있도록 만든 세
계 최초의 우주 테마공원으로 1990년 문을 열었다. 수십 가지의 놀이시설과 함께 우주
과학에 가깝게 접할 수 있는 오락시설들로 가득 차 있으므로 우주에서의 생활을 실감
있게 즐길 수 있을 뿐 아니라 인간의 우주관과 우주론의 변천과정도 살펴볼 수 있도록
되어 있다.

사진촬영 부탁하기

현지에서 많이 일어나는 상황을 미리 익히기

A すみません。
스미마셍

B はい、何でしょう。
하이, 난데쇼-

A これ、お願いできますか。
코레, 오네가이데키마스까?

B はい、いいですよ。
하이, 이-데스요

A これを押してください。
코레오 오시테쿠다사이

B 押すだけでいいですか。
오스다케데 이-데스까?

대화 내용 알아보기

A 실례합니다.
B 네, 뭐죠?
A 이거 부탁해도 되나요?
B 네, 좋습니다.
A 이것을 누르면 찍힙니다.
B 누르기만 하면 됩니까?

다양한 표현으로 실력 확장하기

좀 더 여러가지 표현으로 회화의 실력을 UP

사진촬영을 부탁해도 될까요?

写真、お願いしてもいいですか。

사싱, 오네가이시테모이-데스까?

함께 찍을까요?

一緒にどうですか。

잇쇼니 도-데스까?

자-, 찍습니다. 치-즈

じゃ、撮りますよ。チーズ。

쟈-, 토리마스요. 치-즈

이쪽을 보세요.

こちらを見てください。

코치라오 미테 쿠다사이

이곳에서 어떻습니까?

ここでいいですか。

코코데 이-데스까?

좀 더 왼쪽으로 가세요.

もう少し左に来てください。

모-스코시 히다리니 키테쿠다사이

190

움직이지 마세요.

動かないでください。

우고카나이데 쿠다사이

네, 됐습니다.

はい、いいです。

하이, 이-데스

예쁘게 찍어 주세요.

きれいに撮ってくださいね。

키레이니 톳테 쿠다사이네

건물이 보이도록 찍어 주세요.

建物が見えるように撮ってください。

타테모노가 미에루요-니 톳테쿠다사이

여기서 사진을 찍어도 됩니까?

ここで写真を撮ってもいいですか。

코코데 샤싱오 톳테모 이-데스까?

_う _き
売り切れ
우리키레

매진

_{ぜんれつ}
前列
젠레츠

앞 줄

_た _{せき}
立ち席
타치세키

입석

チケット
치켓토

티켓

_{だんたいわりびき}
団体割引
단타이와리비키

단체 할인

_{きねんひん}
記念品
키넨힌

기념품

_{きんえん}
禁煙
킨엔

금연

パンフレット
판후렛토

팜플렛

영화관에서 예매하기

현지에서 많이 일어나는 상황을 미리 익히기

A 今晩の席はまだありますか。

콤반노 세키와마다 아리마스까?

B 2枚だけ残っています。

니마이다케 노콧테 이마스

A この席の位置はどの辺ですか。

코노 세키노 이치와 도노 헨데스까?

B だいたい中央あたりです。

다이타이 쥬-오- 아타리데스

A 場内の席の案内図はありますか。

죠-나이노 세키노 안나이즈와 아리마스까?

B こちらです。

코치라데스

A 오늘밤 좌석은 아직 있습니까?
B 딱 두 장만 남아 있어요.
A 이 좌석의 위치는 어느 근방입니까?
B 대충 중앙 근처입니다.
A 장내의 좌석 안내도는 있습니까?
B 여기 있습니다.

다양한 표현으로 실력 확장하기

좀 더 여러가지 표현으로 회화의 실력을 UP

지금, 볼만한 영화를 상영하고 있습니까?

今、何かいい映画ありますか。

이마, 나니카 이-에이가 아리마스까?

주연은 누구입니까?

主演はだれですか。

슈엥와 다레데스까?

밤에는 몇 시에 시작됩니까?

夜の部は何時に始まりますか。

요루노 부와 난지니 하지마리마스까?

몇 시에 끝납니까?

何時に終りますか。

난지니 오와리마스까?

입장료는 얼마입니까?

入場料はいくらですか。

뉴-죠-료-와 이쿠라데스까?

이 좌석의 위치는 어느 근처입니까?

この席の位置はどの辺ですか。

코노 세키노 이치와 도노헨데스까?

194

오늘 표 있습니까?

今日のチケットありますか。

쿄-노 치켓토 아리마스까?

매진 되었습니다.

売り切れました。

우리키레마시타

내일 표는 있습니까?

あしたのチケットありますか。

아시타노 치켓토 아리마스까?

한 장, 주세요.

一枚、ください。

이치마이, 쿠다사이

가부키를 보고 싶습니다.

歌舞伎が見たいんですが。

카부키가 미타인데스가

미국 영화는 어디서 합니까?

アメリカの映画はどこでしていますか。

아메리카노 에이가와 도코데시테이마스까?

PART 7
통신

현지인과 전화 통화하기

현지에서 많이 일어나는 상황을 미리 익히기

A もしもし。山田さん、いらっしゃいますか。

모시모시. 야마다상, 이랏샤이마스까?

B わたしが山田ですが、どなたですか。

와타시가 야마다데스가, 도나타데스까?

A わたしは韓国の金英主です。

와타시와 캉코쿠노 킴영주데스

お元気ですか。

오겡키데스까?

B はい、おかげさまで。

하이, 오카게사마데

金さんもあいかわらずお元気ですね。

킴상모 아이카와라즈 오겡키데-스네

A 여보세요. 야마다 씨. 계십니까?

B 제가 야마다입니다만, 누구십니까?

A 저는 한국에서 온 김영주입니다.
잘 지내셨습니까?

B 네, 덕분에요.
김씨도 여전히 건강하시지요?

여보세요, 한국에서 온 김영주입니다.

もしもし、韓国の金英主ですが。

모시모시, 캉코쿠노 킴영주데스가

야마다 씨를 부탁합니다.

山田さん、お願いします。

야마다상, 오네가이시마스

여보세요, 노무라 씨 댁입니까?

もしもし、野村さんのお宅ですか。

모시모시, 노무라상노 오타쿠데스까?

네, 노무라입니다.

はい、野村でございます。

하이, 노무라데 고자이마스

지금, 공교롭게도 외출중입니다만, 누구십니까?

今、あいにく留守ですが、どなたですか。

이마, 아이니쿠 루스데스가, 도나타데스까?

전화가 왔었다고 전해주십시오.

電話があったとお伝えください。

뎅와가 앗타토 오츠타에 쿠다사이

또, 나중에 다시 걸겠습니다.

また、あとでかけなおします。

마타, 아토데 카케나오시마스

그대로 기다려주십시오.

そのままお待ちください。

소노마마 오마치 쿠다사이

남기실 말씀이라도 있으십니까?

なにか、伝言はありませんか。

나니카, 덴곤와 아리마셍까?

잠깐, 기다려주십시오.

少々、お待ちください。

쇼-쇼-, 오마치 쿠다사이

지금, 통화중입니다.

今、お話中です。

이마, 오 하나시츄 데스

몇 시에 돌아오실지 알 수 있을까요?

何時に帰るか、わかりますか。

난지니 카에루카 와카리마스까?

자주 쓰이는 단어 익히기

말하기에서 단어만 알아도 50%는 먹고 들어간다는 사실

がいしゅつちゅう
外出中
가이슈츠추-

외출중

メモ
메모

메모

つうわちゅう
通話中
츠-와추-

통화중

つた
伝わる
츠타와루

전하다

つうわ
通話
츠우와

통화

こくさいでんわ
国際電話
코쿠사이덴와

국제전화

ま
待つ
마츠

기다리다

でんわ番号ばんごう
電話番号
덴와반고-

전화번호

우체국 이용하기

현지에서 많이 일어나는 상황을 미리 익히기

A すみません、これお願いします。

스미마셍, 코레 오네가이시마스

B 航空便ですね。180円です。

코-쿠-빈데스네. 햐쿠하치쥬-엔데스

A それから、60円切手を10枚ください。

소레카라, 로쿠쥬-엔 킷테오 쥬-마이 쿠다사이

B 60円切手10枚ですね。

로쿠쥬-엔 킷테 쥬-마이데스네

A ええ。

에-

B 全部で780円です。

젬부데 나나햐쿠하치쥬-엔데스

대화 내용 알아보기

A 실례합니다, 이걸 부치고 싶은데요.

B 항공편이군요. 180엔입니다.

A 그리고 60엔짜리 우표 10장 주세요.

B 60엔짜리 우표 10장이군요.

A 예.

B 전부해서 780엔입니다.

이 편지를 서울에 부치고 싶습니다.

この手紙をソウルに出したいんですが。

코노 테가미오 소우루니 다시타인데스가

이 그림엽서를 서울로 보내고 싶습니다.

この絵葉書をソウルへ送りたいんですが。

코노 에하가키오 소우루에 오쿠리타인데스가

이거, 보내주세요.

これ、送ってください。

코레, 오쿳테 쿠다사이

선편입니까? 항공편입니까?

船便ですか、航空便ですか。

후나빈데스까, 코-쿠-빈데스까?

항공편으로 부탁합니다.

航空便でお願いします。

코-쿠-빈데 오네가이시마스

등기로 부탁합니다.

書留でお願いします。

카키토메데 오네가이시마스

202

속달로 부탁합니다.

速達でお願いします。

소쿠타츠데 오네가이시마스

우편요금은 얼마입니까?

郵便料金はいくらですか。

유-빈료-킹와 이쿠라데스까?

180엔입니다.

180円です。

햐쿠하치쥬-엔데스

며칠 정도 걸립니까?

何日かかりますか。

난니치 카카리마스까?

우표는 몇 번에서 살 수 있습니까?

切手は何番で買いますか。

킷테와 남방데 카이마스까?

5번 창구입니다.

5番の窓口です。

고반노 마도구치데스

꿀 팁 여행 가이드

현지 여행정보를 미리 알아보고 가면 편리하다

일본에서 전화하기

로밍

로밍은 편리하지만, 이용 요금이 비싼 단점이 있다. 스마트폰은 자동으로 로밍이 되기 때문에 출국 시 전원을 끄거나 공항에 마련된 이동통신사의 로밍센터에서 데이터 로밍 차단 서비스를 신청하면 데이터 요금이 발생하지 않는다. 인터넷을 사용하지 않아도 애플리케이션 업데이트 등으로 요금이 부과될 수 있으니 꼭 데이터 차단 서비스를 신청한다. 상당량의 데이터를 이용할 계획이라면 무제한 데이터 로밍 요금제에 가입하여 요금 부담을 줄인다. 다양한 서비스와 이벤트가 있으니 로밍센터에서 자신에게 맞는 것으로 선택한다.

해외 유심

해외 유심은 현지 통신사의 선불 유심을 내 휴대전화에 넣어서 사용하는 서비스로 필요한 데이터만 경제적으로 쓰고 싶은 사람에게 적합하다. 사전에 내가 필요한 데이터, 일정에 맞는 유심을 구매하고 여행지에 도착하여 원래 핸드폰에 있던 유심과 교체해 주면 된다.

포켓 와이파이

포켓 와이파이란, 현지 통신사의 네트워크 신호를 Wi-Fi 신호로 변경해 주는 데이터로밍 서비스다. 단말기 소지와 충전의 번거로움이 있지만, 여러 명이 함께 쓸 수 있고 내 번호 그대로 전화와 문자 수신, 발신이 가능하다는 장점이 있다.

은행에서 환전하기

현지에서 많이 일어나는 상황을 미리 익히기

A すみません。ドルを替えたいんですが。

스미마셍. 도루오 카에타인데스가

B はい、これに書いてください。

하이, 코레니 카이테 쿠다사이

手数料が要りますが。

테스-료-가 이리마스가

A これでいいですか。

코레데 이-데스까?

B はい、いいです。

하이, 이-데스

대화 내용 알아보기

A 여보세요. 달러를 바꾸고 싶은데요.

B 네, 여기에 적어주세요.
수수료가 필요합니다.

A 이것으로 됐습니까?

B 네, 됐습니다.

다양한 표현으로 실력 확장하기

좀 더 여러가지 표현으로 회화의 실력을 UP

원을 엔으로 바꾸고 싶습니다.

ウォンを円に替えてください。

원오 엥니 카에테쿠다사이

수표를 현금으로 바꾸고 싶습니다.

小切手を現金に替えたいんですが。

코깃테오 겡킹니 카에테인데스가

1만 엔 지폐를 잔돈으로 바꿔주세요.

1万円札を小銭に両替してください。

이치만엔사츠오 코제니니 료오가에시테 쿠다사이

이 용지에 기입해 주십시오.

この用紙に記入してください。

코노 요-시니 키뉴-시테 쿠다사이

수수료가 필요합니다.

手数料が要ります。

테스-료-가 이리마스

잠깐, 기다려 주십시오.

少々、お待ちください。

쇼-쇼-, 오마치 쿠다사이

206

얼마나 바꿉니까?

いくら両替しますか。

이쿠라 료-가에 시마스까?

잔돈을 섞어주십시오.

小銭も一緒にください。

코제니모 잇쇼니 쿠다사이

이것을 잔돈으로 주세요.

これを小銭に お願いします。

코레오 코제니니 오네가이 시마스

계산이 틀린 것 같습니다.

計算が違うようですが。

케-상가 치가우요-데스가

금액이 틀립니다.

金額が違っています。

킹가쿠가 치갓테이마스

꿀 팁 여행 가이드

현지 여행정보를 미리 알아보고 가면 편리하다

국제소포우편

일본과 외국간의 국제소포 우편의 경우 어느 나라에나 최대 20kg까지 보낼 수 있다. 소포로 받아주는 내용물이나 개당 최대규격 등은 보내는 나라에 따라 다르다.

일본 화폐

일본의 화폐단위는 ¥(엔)으로서 일반적으로 시중에서 사용되고 있는 화폐의 종류는 경화가 1, 5, 10, 50, 100, 500¥(엔)의 여섯 가지이며, 지폐는 1000, 5000, 10000¥(엔) 세 가지이다.

일본 은행

우리나라에서 은행을 이용해 본 경험이 있는 사람이라면 일본에서 은행을 이용하는 데는 별 어려움이 없고 통장을 개설할 때는 외국인 등록증이나 여권을 지참해야 한다. 자유롭게 입출금할 수 있는 보통 예금 통장을 만드는 것이 편리하다. 업무시간은 우리나라보다 훨씬 짧기 때문에 주의해야 한다. 월요일부터 금요일까지 오전 9시부터 오후 3시까지이고 현금 카드가 있으면 평일은 오후 7시까지, 주말은 오후 5시까지 돈을 인출할 수 있다.

자주 쓰이는 단어 익히기

말하기에서 단어만 알아도 50%는 먹고 들어간다는 사실

ゆうびんきって
郵便切手
유-빈킷테

우표

たくはい
宅配
타쿠하이

택배

りょうがえ
両替
료-가에

환전

ぎんこう
銀行
긴코-

은행

てすうりょう
手数料
테스우료-

수수료

げんきん
現金
겐킨

현금

うけとりにん
受取人
우케토리닌

수취인

ゆうびんばんごう
郵便番号
유-빈반고-

우편번호

PART 8
트러블

경찰서에 신고하기

현지에서 많이 일어나는 상황을 미리 익히기

A どうしたんですか。

도-시탄데스까?

B 財布を盗まれたんです。

사이후오 누스마레탄데스

A 外出中、財布はどこにあったんですか。

가이슈츠츄-, 사이후와 도코니 앗탄데스까?

B このスーツケースに入れておいたんです。

코노스-츠케-스니 이레테 오이탄데스

A 財布にはいくらあったんですか。

사이후니와 이쿠라 앗탄데스까?

B 15万円です。

쥬-고망엔데스

A 어떻게 된 겁니까?

B 지갑을 도둑맞았습니다.

A 외출중 지갑은 어디에 두셨습니까?

B 이 여행가방에 넣어두었습니다.

A 지갑에는 얼마 들어있었습니까?

B 15만 엔입니다.

다양한 표현으로 실력 확장하기

좀 더 여러가지 표현으로 회화의 실력을 UP

누구 좀 와주세요.

だれか来てください。

다레카 키테쿠다사이

도와주세요.

たすけてください。

타스케테쿠다사이

내 가방이 보이지 않습니다.

わたしのバックがありません。

와타시노 박쿠가 아리마센

카메라를 도둑 맞았습니다.

カメラを盗まれました。

카메라오 누스마레마시타

전차 안에서 지갑을 소매치기당했습니다.

電車の中で財布をすられました。

덴샤노 나카데 사이후오 스라레마시타

호텔 앞에서 지갑을 도둑맞았습니다.

ホテルの前で財布を盗まれました。

호테루노 마에데 사이후오 누스마레마시타

212

도둑이 들어간 것 같습니다.

どろぼうが入ったようです。

도로보-가 하잇타요-데스

파출소까지 데려다 주십시오.

交番まで連れて行ってください。

코-밤마데 츠레테 잇테 쿠다사이

빨리 경찰을 불러주십시오.

すぐ警察を呼んでください。

스구 케이사츠오 욘데 쿠다사이

도난신고를 하고 싶습니다.

盗難届けを出したいんですが。

토-난토도케오 다시타인데스가

무엇을 소매치기 당했습니까?

何をすられましたか。

나니오 스라레마시타까?

한국 대사관에 연락해주십시오.

韓国大使館に連絡してください。

캉코쿠타이시칸니 렌라쿠시테 쿠다사이

さいふ
財布
사이후

지갑

どろぼう
泥棒
도로보-

도둑

ぬす
盗む
누스무

훔치다

きず
傷つく
키즈츠쿠

다치다

じこ
事故
지코

사고

しんこく
申告
신코쿠

신고

けいさつしょ
警察署
케에사츠쇼

경찰서

いしつぶつ
遺失物センター
이시츠부츠센타-

분실물 센터

물건을 잃어버렸을 때

현지에서 많이 일어나는 상황을 미리 익히기

A パスポートをなくしてしまいました。

파스포-토오 나쿠시테 시마이마시타

どうすればいいでしょうか。

도-스레바 이-데쇼까?

B 本当ですか、どこかへしまい忘れたわけでは

혼토-데스까, 도코카에 시마이와스레타와케데와

ないんですか。チェックしましたか。

나인데스까? 첵쿠시마시타까?

A もちろん、チェックしましたが、見つからないんです。

모치롱, 첵쿠시마시타가, 미츠카라나인데스

B とにかく大使館に連絡しましょう。

토니카쿠 타이시칸니 렌라쿠시마쇼-

대화 내용 알아보기

A 여권을 잃어버렸습니다.
어떻게 하면 좋겠습니까?

B 정말입니까? 어딘가에 넣어두고
잊어버린 건 아닙니까? 체크했습니까?

A 물론 체크했습니다. 보이지 않아요.

B 아무튼 대사관에 연락을 취하는게 좋겠어요.

택시 안에서 가방을 잃어버렸습니다.

タクシーの中にバッグを忘れてしまいました。

타쿠시-노 나카니 박쿠오 와스레테 시마이마시타

갈색 숄더백입니다.

茶色のショルダーバッグです。

챠이로노 쇼로다-박쿠데스

여권을 잃어버렸습니다.

パスポートをなくしました。

파스포-토오 나쿠시마시타

어디서 잃어버렸는지 기억 못합니다.

どこでなくしたのか覚えていません。

도코데 나쿠시타노카 오보에테이마센

오늘아침, 그 가게에서 검은 지갑을 잃어버렸습니다.

今朝、そちらの店に黒い財布を忘れたんですが。

케사, 소치라노 미세니 쿠로이 사이후오 와스레탄데스가

당장 찾으러 가겠습니다.

今すぐ、取りにいきます。

이마스구, 토리니 이키마스

돈을 잃어버렸습니다.

お金を落してしまいました。

오카네오 오토시테 시마이마시타

돌아갈 항공권을 잃어버렸습니다.

帰りの航空券をなくしました。

카에리노 코-쿠-켕오 나쿠시마시타

여기서 카메라를 보지 못했습니까?

ここでカメラを見ませんでしたか。

코코데 카메라오 미마셍데시타까?

신용카드를 잃어버렸습니다.

クレジットカードをなくしてしまいました。

쿠레짓토카-도오 나쿠시테 시마이마시타

번호는 적어두었습니까?

番号は控えてありますか。

방고-와 히카에테 아리마스까?

재발행을 부탁합니다.

再発行お願いします。

사이학코- 오네가이시마스

꿀 팁 여행 가이드

현지 여행정보를 미리 알아보고 가면 편리하다

항공권을 분실한 경우

일반적으로 항공권을 분실하면 해당 항공사의 지점이나 카운터에 항공권 번호를 알려주어야 한다. 번호를 모를 경우에는 구입 장소와 연락처를 정확히 알린다. 이렇게 해서 새로운 항공권을 발급받은 경우 승객은 현지에서 서비스 요금으로 30달러 정도를 부담해야 한다.

하지만 이런 과정은 다소 시간이 걸린다. 항공사의 해외 지점에 항공권 구입 여부를 확인하는 팩스를 보낸디거나 전문을 띄우는 등 국내의 경우보다 더욱 복잡하고 시간도 더 걸린다. 그러므로 당장 내일 떠나야 한다든지 하는 급박한 경우에는 큰 곤란을 겪게 되므로 항공권을 분실하지 않도록 각별한 주의를 기울인다.

여권을 잃어버렸을 경우

여권을 잃어버렸을 경우 곧바로 달려갈 곳은 재외공관(한국대사관이나 영사관). 여권이 없으면 출국을 할 수 없기 때문에 바로 현지에 있는 우리나라 공관으로 가서 재발급으로 받아야 한다.

여권 재발급 신청에 필요한 것은 사진, 현지 경찰관이 발급해 준 여권 분실증명서, 여권번호와 발행 연월일 등이다. 그러므로 사진을 예비로 준비해 두거나 여권번호를 따로 메모해 두면 좋다. 하지만 여권을 재발급받기까지는 2주일 정도가 걸린다. 왜냐하면 사진을 한국에 보내서 본인 여부를 확인하는 작업을 해야 하기 때문이다. 기간이 꽤 오래 걸리기 때문에 여권을 잃어버리면 여행을 완전히 망치는 것이나 다름없다. 항상 주의를 기울여 보관하도록 한다.

교통사고 시 대처하기

현지에서 많이 일어나는 상황을 미리 익히기

A どうしたんですか。
도-시탄데스까?

B 車が急に止ってしまいました。
쿠루마가 큐-니 토맛테 시마이마시타

A あ、そうですか。ガソリンはありますか。
아, 소-데스까. 가소링와 아리마스까?

B はい、少しあります。
하이, 스코시 아리마스

A それは、エンジンが故障したようですね。
소레와, 엔진가 코쇼-시타 요-데스네

近くのカーセンターに連絡します。
치카쿠노 카-센타-니 렌라쿠시마스

대화 내용 알아보기

A 어찌된 일입니까?
B 차가 갑자기 멈춰버렸습니다.
A 아, 그래요. 휘발유는 있습니까?
B 네, 조금 있습니다.
A 그럼, 엔진이 고장난 것 같군요.
근처 카센터에 연락하겠습니다.

교통사고가 발생했습니다.

交通事故にあいました。

코-츠-지코니 아이마시타

다친 사람이 여러 명 있습니다.

怪我人が数名います。

케가닝가 수-닌 이마스

차가 펑크났습니다.

車がパンクしました。

쿠루마가 팡쿠시마시타

차가 멈춰 버렸습니다.

車が止まってしまいました。

쿠루마가 토맛테 시마이마시타

충돌 사고를 당했습니다.

衝突事故にあいました。

쇼-토츠지코니 아이마시타

다른 차에 충돌해 버렸습니다.

ほかの車に衝突してしまいました。

호카노 쿠루마니 쇼-토츠시테 시마이마시타

이제 가솔린이 없습니다.

もうガソリンがありません。

모- 가소링가 아리마셍

엔진 상태가 이상합니다.

エンジンの調子がおかしいです。

엔진노 쵸-시가 오카시이데스

사고를 일으켰습니다.

事故を起こしました。

지코오 오코시마시타

나의 과실은 아닙니다.

わたしの過失ではありません。

와타시노 카시츠데와 아리마셍

경찰을 불러 주십시오.

警察呼んでください。

케이사츠 욘데 쿠다사이

여기서 어떻게 경찰을 부릅니까?

ここからどうやって警察を呼びますか。

코코카라 도-얏테 케이사츠오 요비마스까?

꿀 팁 여행 가이드

현지 여행정보를 미리 알아보고 가면 편리하다

여행자 보험에 가입하기

여행자 보험은 해외여행 시 일어나는 사망, 사고, 질병, 항공기 납치 등에 관한 보험으로 비용부담이 크지 않으니 꼭 가입한다. 여행사 패키지는 대부분 상품에 포함되어 있고 환전 시 은행에서 무료로 가입도 해 준다. 인터넷에서도 여러 여행사 비교 사이트가 있으니 가격 및 조건을 비교해보고 가입하도록 하자. 중요한 것은 보험 약관을 꼼꼼히 읽어보고 나에게 맞는 것을 선택한다.

해외에서 다치거나 도난, 파손을 입었을 때의 보험처리

해외에서 다치거나 질병에 걸려 현지 의료기관에서 치료를 받는다면 의료비를 보상한다. 단, 현지 의료기관에서 치료를 받으면 진단서, 영수증 등 치료를 증빙할 수 있는 자료를 챙겨야 한다.

또한, 휴대품 파손에 대해 보상받은 여행자 보험에 가입했다면 휴대품 파손으로 발생한 손해를 보상받을 수 있다. 다만 휴대품 손해의 범위에 통화, 유가증권, 신용카드, 항공권 등은 해당되지 않는다. 또 본인의 과실, 부주의 등의 단순 분실에 따른 손해는 보상되지 않으므로 가입 때 유의해야 한다. 추후 보험사에 도난 사실을 서면으로 증명해야 하므로 도난 상황을 잘 기억해야 하며, 경찰서에서 폴리스 리스트 작성도 도움이 된다.

222

약국에서 약사기

현지에서 많이 일어나는 상황을 미리 익히기

A 旅行疲れによく効く薬はありますか。

료코- 즈카레니 요쿠 키쿠 쿠수리와 아리마스까?

B そうですね。

소-데스네

これはよく効きますよ。

코레와 요쿠 키키마스요

A そうですか。

소-데스카

それをください。

소레오 쿠다사이

대화 내용 알아보기

A 여독에 잘 듣는 약은 있습니까?
B 글쎄요. 이건 여독에 잘 듣습니다.
A 그렇습니까.
그걸 주세요.

223

어디가 아프세요?

どこが痛いたいですか。

도코가 이타이데스카?

머리가 좀 아픈데요.

頭が痛いんですが。

아타마가 이타인데스가

조금 한기가 나고, 두통이 있습니다.

少し寒気がして、頭が痛いんです。

스코시 사무케가시테, 아타마가 이타인데스

감기기운인 것 같군요.

風邪気味のようですね。

카제기미노 요-데스네

감기약 주세요.

風邪薬をください。

카제구스리오 쿠다사이

이틀분 지어 주십시오.

二日分お願いします。

후즈카분 오네가이시마스

그것은 몇 알 들어있습니까?

それは何個<ruby>りですか<rt>なんこい</rt></ruby>。

それは何個りですか。

소레와 난코이리데스까?

한 번에 몇 알 먹으면 될까요?

一回に何個飲みますか。

익카이니 난코 노미마스까?

식후, 어른은 두 알, 아이는 한 알입니다.

食後、大人は2錠、子供は1錠です。

쇼쿠고, 오토나와 니죠-, 코도모와 이치죠-데스

배탈났습니다.

おなかをこわしました。

오나카오 코와시마시타

무슨 약을 먹으면 됩니까?

どんな薬を飲めばいいですか。

돈나 쿠수리오 노메바 이-데스까?

왠지 몸상태가 좋지 않습니다.

なんとなく体の具合が悪いんです。

난토나쿠 카라다노 구아이가 와루인데스

자주 쓰이는 단어 익히기

말하기에서 단어만 알아도 50%는 먹고 들어간다는 사실

びょういん
病院
뵤-인

병원

やっきょく
薬局
얏쿄쿠

약국

しょほうせん
処方箋
쇼호-센

처방전

くすり
薬
쿠스리

약

ほうたい
包帯
호-타이

붕대

ばんそうこ
絆創膏
반소오코오

반창고

こっせつ
骨折
콧세츠

골절

かぜ
風邪
카제

감기

226

병원에서 진료받기

현지에서 많이 일어나는 상황을 미리 익히기

A どうしましたか。

도-시마시타까?

B 昨夜から下痢気味で、今は熱もあります。

사쿠야카라 게리기미데, 이마와 네츠모 아리마스

A わかりました。舌を見せてください。

와카리마시타. 시타오 미세테 쿠다사이

流行性の風邪ですね。

류-코-세이노 카제데스네

この処方箋を持って薬局へ行ってください。

코노 쇼호-센오 못테 약쿄쿠에 잇테쿠다사이

대화 내용 알아보기

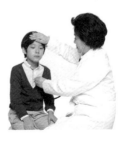

A 어떻게 된 겁니까?
B 어젯밤부터 설사가 있고,
지금은 열도 있습니다.
A 알겠습니다. 혀를 보여 주세요.
유행성 감기이군요.
이 처방전을 가지고 약국에 가십시오.

다양한 표현으로 실력 확장하기

좀 더 여러가지 표현으로 회화의 실력을 UP

화상을 입었습니다.

火傷をしました。

야케도오 시마시타

왼쪽 발이 부러진 것 같습니다.

左足を折っれたようです。

히다리아시오 옷레타요-데스

머리가 아픕니다.

頭が痛いんです。

아타마가 이타인데스

의사를 불러주십시오.

医者を呼んでください。

이샤오 욘데 쿠다사이

구급차를 불러주십시오.

救急車を呼んでください。

큐-큐-샤오 욘데 쿠다사이

병원까지 데려다 주십시오.

病院まで連れて行ってください。

뵤-잉마데 츠레테 잇테 쿠다사이

응급처치를 부탁합니다.

応急手当てをお願いします。

오-큐-테아테오 오네가이시마스

가장 가까운 병원까지 부탁합니다.

一番近い病院までお願いします。

이치방 치카이 뵤-잉마데 오네가이시마스

친구가 몸이 안좋습니다.

友達が体の具合が悪いんです。

토모다치가 카라다노 구아이가 와루인데스

어떻게 된겁니까?

どうしたんですか。

도-시탄데스까?

부상을 당해서, 움직일 수 없습니다.

怪我をして、動けないんです。

케가오시테, 우고케나인데스

발에 상처를 입고 말았습니다.

足に怪我をしてしまいました。

아시니 케가오시테 시마이마시타

PART 9
귀국

비행기표 미리 확인하기

현지에서 많이 일어나는 상황을 미리 익히기

A 予約の再確認をお願いしたいんですが。

요야쿠노 사이카쿠닝오 오네가이시타인데스가

B 航空券をお持ちですか。

코-쿠-켕오 오모치데스까?

A はい、これです。

하이, 코레데스

B 7月14日、JAL123便ですね。

시치가츠 쥬-욕카, 자루 햐쿠니쥬삼빈데스네

けっこうです。予約は確認しました。

켁코-데스. 요야쿠와 카쿠닝시마시타

A はい、どうも。

하이, 도-모

A 예약 재확인을 하고 싶은데요.

B 항공권을 가지고 계십니까?

A 네, 여기에 있습니다.

B 7월 14일, JAL123편이군요.
됐습니다. 예약은 확인되었습니다.

A 네, 고마워요.

인천행 비행기를 예약하고 싶습니다.

仁川行きのフライトを予約したいんですが。

인촌유키노 후라이토오 요야쿠 시타인데스가

예약은 어디에서 합니까?

予約はどこでしますか。

요야쿠와 도코데 시마스까?

가능한 빠른 편을 부탁합니다.

できるだけ早い便をお願いします。

데키루다케 하야이 빙오 오네가이시마스

이코노미 클래스를 부탁합니다.

エコノミークラスお願いします。

에코노미-쿠라스 오네가이시마스

어느 공항입니까?

どの空港ですか。

도노 쿠-코-데스까?

인천에 몇 시에 도착합니까?

仁川に何時に着きますか。

인촌니 난지니 츠키마스까?

232

해약 대기는 몇 명 정도입니까?

キャンセル待ちは何人ぐらいですか。

캰세루마치와 난닝 구라이데스까?

체크인은 몇 시까지입니까?

チェックインは何時までですか。

첵쿠잉와 난지마데데스까?

다시 한 번 체크해 주십시오.

もう一度チェックしてください。

모-이치도 첵쿠시테 쿠다사이

서울에서 예약했습니다.

ソウルで予約しました。

소우루데 요야쿠시마시타

내일 비행기는 예약이 됩니까?

明日の便の予約はできますか。

아시타노 빈노 요야쿠와 데키마스까?

다른 비행기는 없습니까?

別の便はありますか。

베츠노 빙와 아리마스까?

귀국하기전 짐 정리는 이렇게 하세요

출발하기 전에 맡길 짐과 기내로 갖고 들어갈 짐을 나누어 정리하고 구입한 물건의 품명과 금액 등에 대한 목록을 만들어 두면 좋다.

기내에 허용되는 것

화장품(개별 용기당 100mL 이하로 1인당 총 1L 용량의 비닐 지퍼 팩 1개) 1개 이하의 라이터 또는 성냥(단, 출발지 국가나 노선마다 규정이 다를 수 있다. 시계, 계산기, 카메라, 휴대전화 보조 배터리, 휴대용 건전지, 전자담배 등 항공사의 승인을 받은 의료용품이나 의약품

기내반입 허용이 안 되는 것

페인트, 라이터용 연료 등 발화성, 인화성 물질, 부탄가스 캔 등 고압가스 용기, 총기, 폭죽 무기 또는 폭발물류, 칼, 가위 등 뾰족하거나 날카로운 물품, 무기로 사용될 수 있는 골프채, 아령 등 스포츠용품, 리튬배터리 장착 전동휠, 기타 탑승객이나 항공기에 위험을 줄 가능성이 있는 품목

예약 재확인은 필수

귀국한 날이 정해지면 미리 좌석을 예약해두어야 한다. 또 예약을 해 두었을 경우에는 출발 예정 시간의 72시간 이전에 예약 재확인을 해야 한다. 이것은 항공사의 사무소나 공항 카운터에 가든지 아니면 전화로 이름, 연락 전화번호, 편명, 행선지를 말하면 된다. 재확인을 안 하면 예약이 취소되는 경우도 있으므로 주의해야 한다.

일본에서의 출국수속 절차

귀국 당일은 출발 3시간 전까지 공항에 미리 나가서 체크인을 마쳐야 한다. 출국절차는 매우 간단하다. 터미널 항공사 카운터에 가서 여권, 항공권, 출입국카드(입국시 여권에 붙여 놓았던 것)를 제시하면 직원이 출국카드를 떼어 내고 비행기의 탑승권을 준다. 동시에 화물편으로 맡길 짐도 체크인하면 화물 인환증을 함께 주므로 잘 보관해

야 한다. 항공권에 공항세가 포함되지 않았을 경우에는 출국 공항세를 지불해 야 하는 곳도 있다. 그 뒤는 보안검사, 수화물 X선 검사를 받고 탑승권에 지정되어 있는 탑승구로 가면 된다. 면세품을 사려면 출발 로비의 면세점에서 탑승권을 제시하고 사면 된다.

귀국시 면세허용

면세품 한도
해외나 국내 면세점에서 구입하여 반입하는 물품 총액이 800달러 이하, 주류 2병(2리터 이하), 담배 1보루(200개비, 단 20세 미만은 제외), 향수 60ml

자진신고 검사대
면세통과 해당 이외의 물품을 소지한 자

통관불허 품목
휴대폰, 휴대용 송수신기, 일제 비디오카메라, 일제 디코더(암호해독기), 마약, 위폐, 풍속을 해치는 서적이나 음반 등

귀국하기전 조심해야 할 유의사항

공항에서 모르는 사람이 짐 하나만 들고 들어가 달라고 부탁할 때 절대 들어주면 안 된다. 요즘은 마약 밀매업자들이 일반인을 대상으로 이런 부탁을 하는 경우가 있는데 공항에서 적발시 어떤 사유를 불문하고 감옥으로 직행하게 된다. 남의 부탁을 잘 거절하지 못하는 한국인의 특성을 이용하는 경우가 있으니 이럴 경우에는 확실하게 거절하여 불미스러운 일이 일어나지 않도록 각별히 주의해야 한다.

자주 쓰이는 단어 익히기

말하기에서 단어만 알아도 50%는 먹고 들어간다는 사실

さいかくにん
再確認
사이카쿠닌

재확인

できる
데키루

가능한

こうくうがいしゃ
航空会社
코-쿠-가이샤

항공사

よやく　　ばんごう
予約番号
요야쿠반고-

예약번호

しゅっぱつ
出発
슛파츠

출발

とうちゃく
到着
토-차쿠

도착

けんえき
検疫
켄에키

검역

ぜいかん
税関
제이캉

세관

귀국하러 공항가기

현지에서 많이 일어나는 상황을 미리 익히기

A すみません、羽田空港に行きたいんですが。

스미마셍, 하네다 쿠-코-니 이키타인데스가

B あ、山手線の浜松町駅で

아, 야마노테센노 하마마츠쵸에키테

モノレールに乗ればいいですよ。

모노레-루니 노레바 이-데스요

A ちょっと、急いでいるんですが。

춋토, 이소이데 이룬데스가

B それなら、やっぱり、

소네나라, 얍파리,

モノレールが一番早いですよ。

모노레-루가 이치방 하야이데스요

대화 내용 알아보기

A 저기요, 하네다 공항까지 가고 싶은데요?
B 아, 야마노테센 하마마츠쵸 역에서
　　모노레일을 타면 됩니다.
A 좀 시간이 없는데요.
B 그래도 역시 모노레일이 가장 빨라요.

나리타 공항까지 부탁합니다.

成田空港までお願いします。

나리타쿠-코-마데 오네가이시마스

짐은 몇 개입니까?

荷物は何個ですか。

니모츠와 난코데스까?

모두 3개입니다.

全部で3個です。

젬부데 산코데스

큰 짐은 트렁크에 넣어 주십시오.

大きい荷物はトランクに入れてください。

오-키이 니모츠와 토랑쿠니 이레테 쿠다사이

공항까지 얼마나 시간이 걸립니까?

空港まで、どのくらいかかりますか。

쿠-코-마데, 도노쿠라이 카카리마스까?

서둘러 주십시오. 늦었으니까요.

急いでください。遅れていますから。

이소이데 쿠다사이. 오쿠레테 이마스카라

탑승수속할 때 회화

현지에서 많이 일어나는 상황을 미리 익히기

A こちらへどうぞ。
코치라에 도-조

パスポートと航空券を拝見いたします。
파스포-토토 코-쿠-켄오 하이켄 이타시마스

B はい、これです。
하이, 코레데스

A 何名様ですか。
남메이사마데스까?

B 一人です。窓側の席をお願いします。
히토리데스. 마도가와노 세키오 오네가이시마스

A はい、分かりました。
하이, 와카리마시타

대화 내용 알아보기

A 이쪽으로 오세요.
여권과 항공권을 확인하겠습니다.
B 네, 여기요.
A 몇 분이십니까?
B 혼자입니다. 창가 쪽을 부탁합니다.
A 네, 알겠습니다.

체크인을 하고 싶습니다.

チェックインしたいんですが。

첵쿠인 시타인데스가

체크인은 몇 시부터입니까?

チェックイン開始は何時からですか。

첵쿠인 카이시와 난지카라데스까?

서울행 칼 281편을 타고 싶습니다.

ソウル行きKAL281便に乗りたいんですが。

소우루유키 카루 니하치이치빈니 노리타인데스가

231편의 출발은 정시 그대로입니까?

231便の出発は定刻どおりですか。

니산이치빈노 슛파츠와 테이코쿠 도-리데스까?

서울행 231편은 아직 시간이 있습니까?

ソウル行き231便はまだ間に合いますか。

소우루유키 니산이치빈와 마다 마니아이마스까?

그 비행기를 타지 못하면 곤란합니다.

その便に乗れないと困るんですが。

소노 빈니 노레나이토 코마룬데스가

231편을 놓쳤습니다.

231便に乗り遅れました。

니산이치빈니 노리 오쿠레마시타

다음 비행기를 탈 수 있습니까?

次の便に乗れますか。

츠기노 빈니 노레마스까?

다음 비행기에 자리는 없습니까?

次の便は席はありませんか。

츠기노 빈와 세키와 아리마센까?

자리가 나면 바로 알려주세요.

キャンセルがあったらすぐ教えてください。

칸세루가 앗타라 스구 오시에테 쿠다사이

이것은 기내로 들고 갈 수 있습니까?

これは機内に持ち込めますか。

코레와 키나이니 모치코메마스까?

창가 좌석을 부탁합니다.

窓際の席をお願いします。

마도기와노 세키오 오네가이시마스

다양한 표현으로 실력 확장하기

좀 더 여러가지 표현으로 회화의 실력을 UP

이 비행기의 게이트는 어디입니까?

この便のゲートはどちらですか。

코노 빈노 게-토와 도치라데스까?

18게이트는 어디입니까?

18ゲートはどこですか。

쥬-하치게-토와 도코데스까?

231비행기는 연착되고 있습니까?

231便は遅れているんですか。

니산이치빙와 오쿠레테 이룬데스까?

다른 비행기를 찾아주세요.

別の便を探してください。

베츠노 빙오 사가시테 쿠다사이

서울행 다음 비행기는 몇 시입니까?

ソウル行の次の便は何時ですか。

소우루 교오노 츠기노 빙와 난지데스까?

짐은 어디에 맡깁니까?

荷物はどこで預けますか。

니모츠와 도코데 아즈케마스까?

242

공항면세점에서 쇼핑하기

현지에서 많이 일어나는 상황을 미리 익히기

A 免税店はどこですか。
멘제-텡와 도코데스까?

B まっすぐ行って左側です。
맛스구 잇테 히다리가와데스

A あのウィスキーください。
아노 우이스키- 쿠다사이

あ、それからタバコ1カートンください。
아, 소레카라 타바코 이치카-톤 쿠다사이

C タバコはどちらのにしますか。
타바코와 도치라노니 시마스까?

A マイルドセブンをください。
마이루도세붕오 쿠다사이

대화 내용 알아보기

A 면세점은 어디에 있습니니까?
B 똑바로 가서 왼쪽입니다.
A 저 위스키를 주세요.
아, 그리고 담배 한 보루(10갑) 주세요.
C 담배는 어떤 걸로 드릴까요?
A 마일드 세븐을 주세요.

다양한 표현으로 실력 확장하기

좀 더 여러가지 표현으로 회화의 실력을 UP

면세점은 어디에 있습니까?

免税店はどこですか。

멘제-텡와 도코데스까?

이것은 면세로 살 수 있습니까?

これは免税ですか。

코레와 멘제이 데스까?

한국 돈으로 지불할 수 있습니까?

韓国ウォンで買えますか。

캉코쿠 원데 카에마스까?

여기서 받을 수 있습니까?

ここで受け取れますか。

코코데 우케토레마스까?

몇 온스까지 면세됩니까?

何オンスまで免税ですか。

난온스마데 멘제이 데스까?

이 술을 주십시오.

このお酒ください。

코노 오사케 쿠다사이

244

탑승권을 보여 주십시오.

搭乗券を見せてください。

토-조-켕오 미세테 쿠다사이

추천품은 무엇입니까?

おすすめは何ですか。

오스스메와 난데스까?

위스키는 몇 병까지 면세됩니까?

ウィスキーは何本まで免税ですか。

우이스키-와 난봉마데 멘제이데스까?

프랑스산 향수를 보여주십시오.

フランス製の香水を見せてください。

후랑스세이노 코-스이오 미세테 쿠다사이

이 화장품이 좋겠군요.

この化粧品がいいですね。

코노 케쇼-힝가 이-데스네

여행 선물로는 무엇이 좋을까요?

旅行のお土産は何がいいですか。

료코-노 오미야게와 나니가 이-데스까?

PART 10

기본
회화

길을 가다가 우연히 만났을 때

현지에서 많이 일어나는 상황을 미리 익히기

A おはようございます。山田さん、どちらへ。
오하요- 고자이마스. 야마다상, 도치라에

どこへ行きますか。
도코에 이키마스까?

B 会社へ行きます。
카이샤에 이키마스

A ああ、そうですか。
아-, 소-데스까?

会社はどこですか。
카이샤와 도코데스까?

B 新宿です。
신쥬쿠데스

대화 내용 알아보기

A 안녕하세요? 야마다씨, 어디로 가세요?
B 회사에 갑니다.
A 아, 그렇습니까?
회사는 어디에 있습니까?
B 신쥬쿠에 있습니다.

안녕하세요.(아침인사)

おはようございます。

오하요- 고자이마스

안녕하세요.(낮 인사)

こんにちは。

콘니치와

안녕하세요.(밤 인사)

こんばんは。

콤방와

잘 지내셨습니까?

お元気ですか。

오겡키데스까?

요전에는 감사했습니다.

この前はどうもありがとうございました。

코노 마에와 도-모 아리가토-고자이마시타

덕분에 잘 지냈습니다.(덕분에 잘 있었습니다.)

おかげさまで、元気です。

오카게사마데, 겡키데스

그거 잘됐군요.

それはよかったですね。

소레와 요캇타데스네

날씨가 좋군요.(좋은 날씨네요.)

いいお天気ですね。

이-오텡키데스네

정말로 그러네요.

ほんとうにそうですね。

혼토-니 소-데스네

오늘 몸 상태가 안좋습니다.

今日は少し体の調子が悪いです。

쿄-와 스코시 카라다노 쵸-시가 와루이데스

요즘에는 어떻습니까?

最近はいかがですか。

사이킹와 이카가데스까?

그저 그렇습니다. 김씨는?

まあまあです。金さんは。

마-마-데스. 킴상와

자주 쓰이는 단어 익히기

말하기에서 단어만 알아도 50%는 먹고 들어간다는 사실

あ
会う
아우

만나다

わか
別れる
와카레루

헤어지다

うれ
嬉しい
우레시이

기쁘다

さいきん
最近
사이킨

요즘

かな
悲しい
카나시-

슬프다

ほんとう
本当に
혼토-니

정말로

ともだち
友達
토모다치

친구

せんせい
先生
센세이

선생님

250

헤어질 때

현지에서 많이 일어나는 상황을 미리 익히기

A お会いできてうれしいです。
오아이데키테우레시-데스

B わたしもです。
와타시모데스

A またお会いしたいですね。
마타 오아이시타이데스네

B 今度は新宿で会いましょう。
콘도와 신주쿠데 아이마쇼-

A それじゃ、また。あいましょう。
소레쟈, 마타. 아이마쇼-

대화 내용 알아보기

A 만나게 되어 기쁩니다.
B 저도 그렇습니다.
A 또 만나고 싶군요.
B 이번에는 신쥬쿠에서 만납시다.
A 그럼, 또. 만납시다.

다양한 표현으로 실력 확장하기

좀 더 여러가지 표현으로 회화의 실력을 UP

안녕.(헤어질때)

さようなら。

사요-나라

안녕히 주무세요.

おやすみなさい。

오야스미나사이

그럼, 내일 또 만납시다.

じゃ、またあした。

쟈, 마타 아시타

안녕히 가십시요.

ご機嫌よう。(さようなら。)

고키겡요- (사요-나라)

그럼, 또 만납시다.

それじゃ、またあいましょう。

소레자, 마타 아이마쇼-

모두에게 안부 전해주세요.

みなさまによろしくつたえてください。

미나사마니 요로시쿠 츠타에테 쿠다사이

가족 여러분께 안부 전해주세요.

ご家族のみなさまによろしくつたえてください。

고카조쿠노 미나사마니 요로시쿠 츠타에테 쿠다사이

내일 또 연락드리겠습니다.

また、明日連絡いたします。

마타, 아시타 렌라쿠이타시마스

즐거운 하루 보내세요.

たのしい一日をお過ごしください。

타노-이 이치니치오 오스고시 쿠다사이

당신도 즐거운 하루를…

あなたも楽しい一日を。

아나타모 타노시- 이치니치오...

또 연락하겠습니다.

また、連絡いたします。

마타, 렌라쿠이타시마스

또 나중에 만납시다.

また、あとで会いましょう。

마타, 아토데 아이마쇼-

일본에서 집 방문과 술 문화 에티켓

초대받아 방문할 때

일본인은 개인주의 성향이 강해 자신의 집으로 손님을 잘 초대하지 않는다. 사전에 약속 없이 남의 집을 방문하는 것을 사생활 침해로 생각하므로 사전에 전화로 승낙을 받은 후 정해진 시간에 방문하며 오랜 시간 머무는 것을 삼간다.

- 작은 선물을 준비하되 너무 비싼 것은 피하고 포장은 흰색으로 하지 않는다.
- 화장실 이용 후 꼭 변기 뚜껑을 닫아둔다. 변기 뚜껑을 열어놓으면 복이 나간다는 의미가 있으므로 공중 화장실이 아닌 이상 뚜껑을 닫는다.
- 식사의 경우 지나치게 먹으면서 이야기하지 않는다.
- 신발은 현관에서 벗고 들어간다.

※ 위계질서가 철저한 일본 사회의 특성상 호칭에도 특히 주의를 기울여야 한다. 이름이나 성 뒤에 '~상'을 붙이거나 좀 더 가벼운 표현의 '~짱'이 있는데 성만 부르는 것이 당연한 관습으로 초면에 상대방의 이름을 부르는 것은 예의에 어긋나는 행동이므로 주의한다.

일본 술 문화

연장자에게 한 손으로 술을 따르거나 한 손으로 술을 받아도 실례가 되지 않으며 옆으로 몸을 돌려 마시지 않아도 된다.

- 술이 남아 있을 때 술을 더 따르는 첨잔 문화는 우리에게는 없지만 일본에서는 미덕으로 이야기에 열중하여 상대방의 잔을 빈 채로 오랫동안 놔두면 눈치 없는 사람으로 생각된다.
- 잔을 돌려 마시지 않고 술을 권하지 않는다. 상대방이 자기 손으로 잔을 가려 덮거나 술잔이 가득 찬 상태로 그냥 두고 있을 때는 더는 못 마신다는 의사표시가 된다.

처음 만나서 자기 소개하기

현지에서 많이 일어나는 상황을 미리 익히기

A はじめまして。

하지메마시테

B はじめまして。

하지메마시떼

A 金^{キム}です。

킴데스

B 田中^{たなか}です。

타나카데스

A よろしくお願^{ねが}いします。

요로시쿠 오네가이시마스

B こちらこそ、よろしくお願^{ねが}いします。

코치라코소, 요로시쿠 오네가이시마스

대화 내용 알아보기

A 처음 뵙겠습니다.

B 처음 뵙겠습니다.

A 김입니다.

B 다나카입니다.

A 잘 부탁드립니다.

B 저야말로, 잘 부탁드립니다.

처음 뵙겠습니다.

はじめまして。

하지메마시테

나는 이라고 합니다.

わたしは李と申します。

와타시와 이-토 모-시마스

잘 부탁합니다.

よろしくお願いします。

요로시쿠 오네가이시마스

저야말로, 잘 부탁합니다.

こちらこそ、どうぞよろしく。

코치라코소, 도-조 요로시쿠

만나 뵙게 되어 기쁩니다.

お会いできてうれしいです。

오아이 데키테 우레시-데스

만나서 반갑습니다.

会えてうれしいです。

아에테 우레시-데스

초대받아서 식사하기

현지에서 많이 일어나는 상황을 미리 익히기

A なにもありませんが、どうぞ。

나니모 아리마셍가, 도-조

B いただきます。おいしいですね。

이타다카마스. 오이시-데스네

A もう少しいかがですか。

모-스코시 이카가데스까?

B いいえ、けっこうです。

이-에, 캑코-데스

ごちそうさまでした。

고치소- 시마데시타

A どうも、おそまつさまでした。

도-모, 오소마츠사마데시타

대화 내용 알아보기

A 아무것도 없습니다, 드십시오.
B 잘 먹겠습니다. 맛있군요.
A 좀 더 드시겠습니까?
B 아니오, 됐습니다.
　　 잘 먹었습니다.
A 감사합니다. 변변치 못했습니다.

다양한 표현으로 실력 확장하기

좀 더 여러가지 표현으로 회화의 실력을 UP

어서, 드세요.

どうぞ、おあがりください。

도-조, 오아가리 쿠다사이

잘 먹겠습니다.

いただきます。

이타다키마스

맛있군요.

おいしいですね。(おいしい＝うまい)

오이시이데스네. (오이시이＝우마이)

이것 맛있군요.

これはおいしいですね。

코레와 오이시이데스네

잘 먹었습니다.

ごちそうさま。(でした)

고치소-사마. (데시타)

정말 잘 먹었습니다.

どうもごちそうさまでした。

도-모 고치소-사마데시타

변변치 못했습니다.

おそまつさま。(でした)

오소마츠사마. (데시타)

정말 변변치 못했습니다.

どうもおそまつさまでした。

도-모 오소마츠사마데시타

좀 더 드시겠습니까?

もう少しいかがですか。

모-스코시 이카가데스까?

이제 충분합니다.

もうたくさんです。

모-타쿠상데스

이제 배부릅니다.

もういっぱいです。

모-입파이데스

이제 됐습니다.

もうけっこうです。

모-켁코-데스

꿀 팁 여행 가이드

현지 여행정보를 미리 알아보고 가면 편리하다

알아두면 좋은 현지식 예의범절

일반적인 식사 에티켓

일본에서 식사할 때 빼놓지 말아야 하는 것은 식
사 전에 '이타다키마스(잘 먹겠습니다)', 식사를
마치고 나서 '고치소사마데스(잘 먹었습니다)'라
고 말하는 것이다. 또한, 음식을 남기는 것은 예의
가 아니며 남은 음식을 싸가는 것은 일반적으로
허용되지 않는다는 점을 기억해두자. 여러 사람이

함께 식사하는 경우, 일반적으로 모든 사람의 음식이 나올 때까지 식사를 시작하지 않
고, 같이 먹는 음식(여럿이 함께 먹을 때는 일반적)의 마지막 한 점은 먼저 먹어도 되는
지 물어본 다음 먹는 것이 예의이다.

일상생활

일반적으로 일본인들은 일상생활에서 신체 접촉을 즐기지 않는다. 인사로 하는 키스,
포옹, 악수, 공공장소에서의 애정 표현도 포함된다. 대부분은, 인사할 때 예의 바르게
허리를 굽힌다.

유용한 일본어

'스미마센'은 대개 '미안합니다'라는 뜻으로 사용하지만, '실례합니다', 그리고 상황
에 따라 '감사합니다'라는 뜻이 되기도 합니다. '아리가토 고자이마스'는 더욱 직접적
으로 감사를 표시할 때 사용하며, '요로시쿠 오네가이시마스'는 다른 사람의 부탁을
받거나 누군가를 만날 때 듣거나 직접 사용하는 말입니다.

대중교통

열차에서 조용한 목소리로 이야기하는 것은 허용되지만, 열차나 버스를 이용할 때 큰
소리로 통화를 하는 것은 일반적으로 예의에 어긋나는 행동이다. 열차에 타기 전에 타
고 있던 승객이 내릴 수 있도록 옆으로 비켜 줄을 서는 것이 바람직하며, 노인, 임산부,
장애인에게 자리를 양보하도록 하자.

오랜만에 만나 안부 묻기

현지에서 많이 일어나는 상황을 미리 익히기

A おひさしぶりですね。
오히사시부리데스네

B お元気ですか。
오겡키데스까?

A お陰さまで元気です。
오카게사마데 겡키데스

あなたは。
아나타와

B わたしも元気です。
와타시모 겡키데스

A それはよかったですね。
소레와 요캇타데스네

대화 내용 알아보기

A 오랜만이군요.
B 잘 지내셨습니까?(안녕하십니까?)
A 덕분에 잘 지냈습니다.
   당신은요?
B 저도 건강합니다.
A 그거 다행이군요.

다양한 표현으로 실력 확장하기

좀 더 여러가지 표현으로 회화의 실력을 UP

오랜만이군요.

おひさしぶりですね。

오히사시부리데스네

오래간만이군요.

しばらくですね。

시바라쿠데스네

덕분에 잘 있었습니다.

おかげさまで元気です。

오카게사마데 겡키데스

그거 잘 됐군요.

それはよかったですね。

소레와 요캇타데스네

그거 안됐군요.

それはいけませんね。

소레와 이케마셍네

별고 없으셨습니까?

お変わりありませんか。

오카와리 아리마셍까?

요즘은 어떻습니까?

このごろはいかがですか。

このごろはいかがですか。
코노고로와 이카가데스까?

여전합니다.

あいかわらずです。

아이카와라즈데스

몸조심하십시오.

お体を大事にしてください。

からだ　　だいじ

오카라다오 다이지니 시테쿠다사이

격조했습니다.

ごぶさたしております。

고부 사타시테오리마스

자주 쓰이는 단어 익히기

말하기에서 단어만 알아도 50%는 먹고 들어간다는 사실

偶然
ぐうぜん
구-젠

우연

謝る
あやま
아야마루

사과하다

申し訳なさ
もう わけ
모-시와케나사

미안함

心から
こころ
코코로카라

진심으로

ありがたい
아리가타이

감사하다

安否
あんぴ
안피

안부

名刺
めいし
메에시

명함

紹介する
しょうかい
쇼오카이스루

소개하다

감사함과 미안함 표현하기

현지에서 많이 일어나는 상황을 미리 익히기

A ごめんください。
고멘쿠다사이

B あ、金さん。
아, 킴상

どうぞお入りください。
도-조 오하이리 쿠다사이

A では、失礼します。
데와, 시츠레이 시마스

B どうぞ、こちらへおかけください。
도-조, 코치라에 오카케쿠다사이

A はい、どうも。
하이, 도-모

대화 내용 알아보기

A 계세요?
B 아, 김씨.
어서 들어오십시오.
A 그럼, 실례하겠습니다.
B 자, 이쪽으로 앉으십시오.
A 네, 감사합니다.

고맙습니다.

ありがとうございます。
아리가토- 고자이마스

고마웠습니다.

ありがとうございました。
아리가토- 고자이마시타

미안합니다.

すみません。
스미마셍

죄송했습니다.

すみませんでした。
스미마셍데시타

실례합니다.

ごめんなさい。
고멘나사이

실례합니다. / 계세요?(집을 방문할 때)

ごめんください。
고멘쿠다사이

266

정말 죄송합니다.

本当に申し訳ございません。

혼토-니 모-시 와케 고자이마셍

괜찮습니까?

大丈夫ですか。

다이조-부 데스까?

오래 기다리셨습니다.

お待たせしました。

오마타세 시마시타

정말 신세졌습니다.

どうもお世話になりました。

도-모 오세와니 나리마시타

폐를 끼쳤습니다.

ご迷惑をかけました。

고메-와쿠오 카케마시타

아니오, 천만에요.

いいえ、どういたしまして。

이-에, 도-이타시마시테

자주 쓰이는 단어 익히기

말하기에서 단어만 알아도 50%는 먹고 들어간다는 사실

しゅくが
祝賀する
슈쿠가스루

축하하다

とても
토테모

매우

げんき　く
元気に暮らす
겐키니 쿠라스

잘지내다

けんこう
健康だ
켄코-다

건강하다

しょうたい
招待する
쇼-타이스루

초대하다

そつぎょう
卒業
소츠교-

졸업

せわ
世話になる
세와니 나루

신세지다

かんげい
歓迎する
칸게에스루

환영하다

진심으로 축하하기

현지에서 많이 일어나는 상황을 미리 익히기

A 金さん、卒業式はいつですか。

킴상, 소츠교-시키와 이츠데스까?

B あしたです。

아시타데스

A あ、そうですか。

아, 소-데스까

ご卒業おめでとうございます。

고소츠교- 오메데토- 고자이마스

B どうもありがとうございます。

도-모 아리가토-고자이마스

대화 내용 알아보기

A 김씨, 졸업식은 언제입니까?
B 내일입니다.
A 아, 그렇습니까. 졸업, 축하드립니다.
B 대단히 감사합니다.

축하해.

おめでとう。
오메데토-

축하합니다.

おめでとうございます。
오메데토- 고자이마스

축하의 말씀드립니다.

お祝い申し上げます。
오이와이 모-시 아게마스

잘 됐네요.

よかったね。
요캇타네

잘 되었네요.

よかったですね。
요캇타데스네

생일 축하합니다.

お誕生日おめでとうございます。
오탄조-비 오메데토- 고자이마스

굿타이밍 일본어 여행회화

1판 1쇄 인쇄 2024년 7월 1일
1판 1쇄 발행 2024년 7월 5일

엮은이 일본어교재연구원
펴낸이 윤다시
펴낸곳 도서출판 예가

주   소 서울시 영등포구 영신로 45길 2
전   화 02-2633-5462   **팩스** 02-2633-5463
이메일 yegabook@hanmail.net   **블로그** http://blog.naver.com/yegabook
인스타그램 http://instagram.com/yegabook
등록번호 제 8-216호

ISBN 978-89-7567-662-8 13730